CRUP
商业趋势 知识点亮生活

互联网生态

重构商业规则

喻晓马　程宇宁　喻卫东◎著

INTERNET BUSINESS
ECOSYSTEM
Refactoring Business Rules

中国人民大学出版社
·北　京·

序　言

春江水暖鸭先知，2015 年已经有更多的企业感受到了阵阵寒意，焦虑症在蔓延，大家提到最多的便是转型。然而，由于缺乏对互联网，尤其是移动互联网的认知，转型之路是极其迷茫和痛苦的。直到现在，依然有不少专家和企业坚持认为：互联网只不过是工具！

但是，真正的互联网已经从有线的个人电脑（PC）工具时代过渡到无线的万物互联时代，从传统连接工具到人体“电子器官”功能的演进早已开始，它已经是我们交流、沟通、生活、社交、商务，乃至于人格、情绪的一种展现。这一趋势的出现，实际上也已经颠覆了传统产品、渠道、传播、商业的概念，我们过去几千年沉淀的游戏规则，包括婚恋伦理、家庭消费、商业金融、政经文化领域，也正在经历颠覆性的剧痛与改变。

随着这一改变，所有传统的生态平衡将被打破，生态文明将进入生态链和生态圈的全面重新构建时期。我们已经目睹了传统生态品牌如诺基亚等一大批世界500强品牌的轰然倒塌，颠覆和洗牌并没有因为我们的恐惧与焦虑而放慢脚步，传统产业和传统品牌的发展必将面临更加痛苦的冰河期。与此同时，同样是因为移动互联网，人类几千年以来最大的时代机遇正在孕育产生，我们要做的，就是了解规律，参与到全新的社会和商业生态体系的构建过程中！

寒冬来临，产品制造型公司的行业性危机与全球性裁员潮

财新传媒与金融数据提供商Markit联合发布的财新中国制造业采购经理指数（PMI）显示，2015年8月财新中国制造业PMI终值47.3，创2009年3月以来最低，已连续6个月低于50.0的荣枯临界值，显示中国制造业运行进一步放缓。工业品出厂价格指数（PPI）继续大幅下滑，工业企业的利润被进一步挤压。2015年7月铁路货运量暴跌10.9%，发电量大跌2.8%。一切数据都显示，经济衰退似乎越来越严重了。多个制造行业整体下行，众多制造企业面临订单减少、营业收入降低甚至破产的风险。

纺织业众多巨头破产

纺织巨头庄吉集团2015年5月宣告破产，华东纺织大鳄宝利嘉集团因资金链断裂已破产倒闭，曾经风光无限的百年纺织老厂济南国棉一厂破产，另一家世界500强企业浙江红剑集团2015年8月宣布破产倒闭。

在纺织业聚集的绍兴、汕头、长乐、东莞等地，破产倒闭的中小纺织服装企业更是不计其数。

建陶卫浴企业产能过剩，需求萎缩

在2008年后的疯狂扩张下，中国建陶卫浴企业产能严重过剩，库存量居高不下。河南中福陶瓷、江西新澳陶瓷、广东新陶星、江西新高峰、湖南华雄、佛山蓝谷等大型建材陶瓷企业相继破产倒闭，这还只是建陶行业产能过剩的冰山一角。

不久的将来，建陶行业更大规模的倒闭潮还会不可避免地发生。近年随着房地产市场转趋冷淡，与房地产产业关联度极高的建材、陶瓷、家具行业倒闭潮还将越演越烈，建陶卫浴的市场需求会继续萎缩，并且保持长达十到二十年的低潮。

家具行业艰难谋生

2014年深圳家居巨头华源轩、富之岛宣告破产，2015年5月拥有23年历史的广州标卓家私破产，有“东莞家具航母”之称的东莞永信家具制造有限公司倒闭。

根据广东省工商行政管理局网站公布的最新数据统计，两年来仅深圳龙岗、东莞厚街、佛山龙江三个镇倒闭的家具厂就达800多家。

传统IT企业现状不容乐观

经济寒冬已至，在从信息技术（IT）向数据技术（DT）转型的过程中，传统IT企业的生存情况也并不乐观，各知名企业的裁员潮同样席卷全球！情势同样触目惊心！

西门子裁员12 300人

2015年2月，西门子在全球解雇7 800人，其中德国有3 300名员工被裁。同年5月7日，西门子宣布再裁员4 500人，这一轮裁员主要针对电力和天然气部门以及其他若干业绩不佳的业务部门。

联想控股宣布裁员约3 200人

2015年8月联想控股发布了其截至2015年6月30日2015/16财年第一季度财务报表，其中营业收入为107亿美元，同比增长3%；税前利润为5 200万美元，同比减少80%；净利润为1.05亿美元，同比下跌51%。

与上个季度相比，联想控股本季度营业收入和利润出现了更大幅度的下滑，而这已经是联想控股连续两个季度业绩下滑。

与此同时，联想控股也宣布了其全球裁员计划，即减少约3 200名非生产制造员工，约占联想控股非生产制造类员工的10%，全球60 000名员工的5%。

高通裁员 4 500 人

根据高通（Qualcomm）公布的 2015 财年 Q3 财报，公司营业收入和净利润分别为 58 亿美元和 12 亿美元，同比下降 14% 和 47%。作为全球最大的手机芯片制造商，高通为应对逐渐失去市场份额的局面，宣布了战略调整计划，15%的全职员工将遭到解雇，约聘工人数也将大幅裁减，预计拆分和裁员4 500 人。[①]

互联网企业也难独善其身

在这一轮全球性裁员潮中，互联网公司也不能幸免。2015 年上半年，微软、搜狐、Twitter 等世界知名企业也启动了裁员计划。

微软裁员 10 100 人

受手机业务重创的影响，2015 年 7 月，微软对外宣布将裁员 7 800 人，约占员工总数的 7%。值得一提的是，涉及 7 800 人的裁员工作并非微软近年来的首次，一年前微软宣布裁减 1.8 万人，约占员工总数的 14%，其中的 12 500 人来自它收购的诺基亚手机业务部门。8 月 22 日，微软为调整公司业务和提高利润，宣布关闭位于芬兰萨诺的诺基亚前移动电话开发分部，同时，将

① 参见《经济下行，最强裁员潮再次来临》，搜狐，http：//mt. sohu. com/20150909/n420720508. shtml，2015 - 09 - 09。

在芬兰裁员 2 300 人。

搜狐裁员 2 000 人

国内四大门户网站之一的搜狐近年来业务表现不佳，转型迫在眉睫。2015 年 2 月 10 日，在搜狐第四季度财务报表分析会上，搜狐董事局主席兼首席执行官张朝阳透露，过去几个月搜狐进行了人员优化，相比 2014 年第三季度的人员规模，减少了大约 2 000 个员工。其中搜狐畅游优化了约 1 000 人，占搜狐总员工数的 13%左右。

Twitter 裁员 300 余人

2015 年 10 月，Twitter 宣布全面裁员计划，将最多裁员 336 人，不超过员工总人数的 8%。①

互联网生态型企业野蛮生长

中国电子商务研究中心发布的《2015 年上半年中国网络零售市场监测报告》显示，2015 年上半年中国网络零售市场交易规模达 1.6 万亿元，同比增长 48.7%，预计 2015 年全年有望达到 3.8 万亿元。网络零售市场交易规模占到社会消费品零售总额的 11.4%，同比增长 31%；其中移动网购交易规模达到 8 421 亿

① 参见《经济下行，最强裁员潮再次来临》，搜狐，http://mt.sohu.com/20150909/n420720508.shtml，2015-09-09。

元，同比增长230%。

实际上，目前的电子商务正在加速由传统PC向移动端的全面转移，过去两年中，微商的爆发和无序化野蛮生长便是这一趋势下必然产生的一个短暂现象。无论是淘宝还是京东、唯品会，都突然发现，仅仅只是把手机客户端当作一个卖货的渠道将会遇到很大的麻烦，因此，淘宝开始强调社交了，关于京东的新闻也更多的是奶茶与大叔的故事了，微信也更多关注微信支付和卡券变现了……一场关于用户、粉丝到社群生态的竞争其实已经开始，最白热化的用户入口抢夺战首先从手机端开始，未来几年将逐步蔓延到各个领域。

与产品制造型行业及企业正在经历的严峻形势截然不同的是，移动互联网生态型企业在资本的疯狂力量下，正以持续的增长扩张着生态版图。被誉为互联网第一妖股暴风科技的疯涨，仅仅是因为它不断强调其关于移动互联网时代的平台级AR和VR产品战略。

作为迄今最成熟的移动互联网生态型领军品牌，苹果公司2015年7月发布的2015财年第三季度财务业绩报告显示，截至2015年6月27日，苹果公司净营业收入为496.05亿美元，高于2014年同期的374.32亿美元；净利润为106.77亿美元，比2014年同期增长38%；大中华区营业收入为132.30亿美元，比2014年同期的62.30亿美元大幅增长112%。

而拥有开放性移动互联网生态的安卓系统的谷歌，2015年7月发布的截至6月30日的2015财年第二季度财务报表显示，谷歌第二季度总营业收入为177.27亿美元，比2014年同期的159.55亿美元增长11%；按照美国通用会计准则，谷歌第二季度净利润为39.31亿美元，比2014年同期的33.51亿美元增长17.3%。

作为中国电子商务生态（B2C/C2C）领先者的阿里巴巴集团，依然保持强劲的活力，2015年第三季度（2016财年第二季度）财报显示，截至2015年9月30日，阿里巴巴季度营业收入为221.71亿元（约合34.90亿美元），同比增长32%；净利润为227.03亿元（约合35.72亿美元），较2014年同期的30.30亿元增长649%；基于非美国通用会计准则，净利润为92.52亿元（约合14.57亿美元），较2014年同期的68.08亿元增长36%。

苹果、谷歌、阿里巴巴这类处于金字塔顶端的生态型企业，通过构建自己的商业生态，正在重塑行业格局，并通过战略布局挖掘入口价值或产业生态链协同附加值使得生态价值转化更大。

传统商业及社会生态的颠覆与重构

互联网的出现，最先改变的是传统传播生态。特别是传统门户时代中期，社群的出现激活了网民网上交流和交往的需求，大量用户生产内容（UGC）的呈现方式使得舆论主导权从传统媒体过渡到社群领袖，社交媒体激活了以同步的实时通信与信息沟通

(IM) 和异步的论坛、部落社群为特征的生态，社群成为流量价值和流量变现渠道。

互联网以个人为基本连接的社会传播构造，使得传统传媒的行业生态最先被打破，大批的纸媒、户外广告、通信、广播、电视最先受到网络平台和网络意见领袖的冲击。互联网对传统媒体的冲击结果，最直接的影响就是发行收入少了，随着用户的衰减逐步滑坡，随之而来的是广告收入少了。传统传媒行业依靠“发行＋广告＋版权”的盈利模式难以为继，大批传统媒体企业面临转型的难题。

被颠覆的还有服务行业，例如出租车行业，优步、滴滴仅仅是开发了一个打车平台，通过建立自己专属的信用和支付系统，冒险打破世界各国的租车牌照管制，连接有出行需求的乘客和司机、车辆等社会空闲资源，在没有一台自己的车和一个自己的司机的前提下，却因为掌握了车主和用户资源，进而掌握了出租服务行业的游戏规则制定权、定价权、金融交易权。

互联网时代的新兴商业生态，就是这样逐步颠覆和改变传统商业业态的!

未来几年，所有只是追求产品利润的企业将不断沦落为移动互联网生态品牌的贴牌加工商，在移动互联网时代失去品牌运作的权利和机会，甚至连传播的通路都没有，不管过去你曾经是行业老大还是百年品牌。

未来几年，所有致力于构建生态体系的品牌和企业都将获得整个行业垄断性的资源和商业发展机会，也许它的创始人可能是一个尚未毕业的在校学生！

这就是互联网特别是移动互联网最神奇的力量，它们持续改变着整个社会的资源配置方式和权力结构。当传统行业的生态被打破时，构建新的互联网生态品牌的机会属于那些最先明白未来发展趋势并付诸行动的企业和个人。

喻晓马

目　录

第一章

互联网生态的蓝图

互联网颠覆与重构传统的商业及社会生态的同时，也形成了以互联网为纽带的产业跨界与融合的新生态模式。

第六章

互联网传媒业生态

传统媒体和互联网的融合是产业升级的主流方向，当前传媒行业已经从之前的内容、产品时代升级为现在的平台和生态时代。

第七章

互联网农业生态

中国现代大农业的时代已经来临，基于互联网和物联网的农业信息化发展将势不可当。农业生产智能化、经营网络化、产业生态化的梦想正在照进现实。

第八章

互联网金融生态

互联网金融的本质是金融，是互联网对金融产业链的渗透和融合，是互联网技术和思维对传统金融的一场深刻改造。

第九章

互联网内容生态

内容价值变现的最好时代已经来临，互联网内容生态的发展正在驱动传统内容产业发生变革。

第十章

传统企业如何构建互联网生态

在新一轮移动互联网大潮中，用户、产品、市场发生了哪些变化？传统企业又该如何抓住机遇，布局自己的互联网商业生态体系？

INTERNET BUSINESS

ECOSYSTEM

Refactoring Business Rules

第一章

互联网生态的蓝图

过去 100 年，恐怕是人类文明进程中变化最剧烈的一段时期，从解放人类四肢的工业革命到解放人类大脑的信息革命，仅仅是在短短的几十年中，我们就从一个 5 兆的硬盘（见图 1—1）也需要近一吨重量的初级计算机时代过渡到了超越之前数万倍的移动互联网时代，人类进化史上经历了一次又一次颠覆，而由移动互联网形成的能量对于传统产业、传媒、社会生活各个方面的冲击也才刚刚开始逐步呈现。

图 1—1　1956 年 IBM 生产的重达一吨的 5 兆硬盘

资料来源：译言网。

当我们的企业还在热衷于把互联网只是当作销售渠道和传播平台来使用，还停留在电商靠“刷量”，传播靠“水军”，不断纠结于“做是找死，不做是等死”的迷茫状态时，更多的互联网巨头已经开始从资讯科技向数据科技转型，而那些没有及时关注并把握这种趋势的企业极有可能被竞争淘汰，沦为互联网巨头的产品和内容供应商。竞争很激烈，真相更残酷！

互联网生态的进化过程

未来几年，互联网将主宰和主导我们生活的很多方面，而这方面的竞争已经拉开序幕，无论是百度、阿里巴巴、腾讯（BAT）这样的互联网巨头，还是小米、乐视、京东、360 那样的行业新贵，目前都在快马加鞭地建立和完善自己的互联网生态系统。

那么生态系统是什么？对于每一个企业而言又意味着什么？

生态这一概念来自生物学，是指一个由不同类型生物种群及其所处环境通过相互支持与制约而形成的动态平衡的统一整体。大至一片树林、一个草原，小至一个池塘，都可以构成一个完整的生态。

商业生态系统，包括个体如消费者，组织如生产企业，以及个体和组织形成的子系统如行业、行业联盟。个体、组织和系统成员之间构成了生态链，类似于自然生态系统中的食物链，处在价值链一个环节两端的单位是利益共生关系，多个共生关系形成了商业生态系统的生态圈。链圈式集成形成生态系统的存在基础。商品、资金和信息等通过生态圈和生态链在生态系统中流动和循环。商业生态系统就是建立在此基础上的一个高度集成的系统。

未来企业的生存发展靠的不仅是客户量，更多的是生态格局。生态格局由各个生态形式构成，而生态形式则可以根据范围的不同细分为社会生态、行业生态、企业生态、产品生态和内容生态。

社会生态

社会生态是生态构成的基本要素，互联网的发展对于社会生态的形成和发展起到了加速和推动作用，对于人类社会生活的影响极为深远。基于人口基数和社会形态，就全球而言，影响最深、变化最快的将是美国和中国，社会生态的具体呈现主要包括人人交互、人机交互和物物互联。

人人交互

越来越多的人使用各种设备，包括手机、电脑等，通过移动互联网实现了生活在不同空间的人与人之间的即时沟通与信息分享。

只要接入互联的网络，信息的交互就可以几乎不受任何外在力量的阻隔。而且随着社交工具的迭代发展，人与人发生信息沟通与互动的方式也变得多元化，包括方式的多元和内容的多元，可以一对一、一对多、多对多。理念得到了足够多的人认同，就可以发起聚合，也就形成了社群。

人机交互

人机交互经历了大、小、无三种视“界”。计算机、手机、可穿戴设备是人机交互在互联网时代各个发展阶段的代表性产品。人机交互的模型如图 1—2 所示。

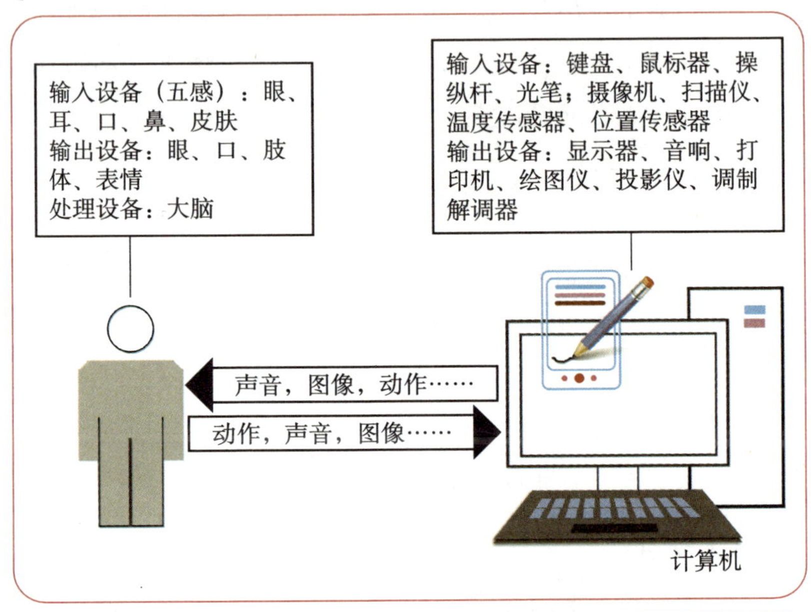

图 1—2　人机交互的模型

资料来源：互联网编年史。

以文字为主的人机交互方式，已无法适应移动互联网时代的粉尘化、个性化、多元化的信息交互需求，图片、语音、表情、手势等新型多媒体交互手段不断涌现，如智能手机、平板电脑、车载导航设备、可穿戴式电子设备等。未来，随着技术的发展还会有更多的智能产品加入移动互联终端的行列，比如最近炒得火热的乐视超级汽车（有人将其比喻为一台超大型的智能手机）、家庭机器人等。

车联网、智能家居是目前人机交互生态中竞争最为白热化的两个领域。

乐视、小米、苹果在对未来互联网汽车的布局上，已经日趋短兵相接、犬牙交错。在车联网领域，乐视超级汽车的核心优势之一是跨领域的生态圈，横跨内容、手机、影视、体育、科技等多个产业。2015 年 6 月乐视宣布以 21.9 亿元入股酷派，同时联合英国豪华跑车制造商阿斯顿·马丁，为乐视车联网以及乐视超级汽车项目做技术支撑，从而实现超级汽车全生态链的垂直整合。

小米注重实体操控的造车系统，这一点从其申报的专利项目上就可见一斑；而乐视则更注重软环境，也就是走车联网、智能汽车生态系统这条路。

苹果电动汽车酝酿了很久，也在紧锣密鼓的设计中。此前苹果推出的 CarPlay 系统也整合了数量不少的汽车制造企业在苹果旗下。在车联网领域，小米、乐视与苹果有一拼。

物物互联

物联网是软件、硬件和数据结合的一个中心点，将来某一用户拥有的每一件设备，都将实时监测和收集关于用户行动和身体状况的数据，包括但不限于日常生活中用户的习性、偏好、需求。当这些数据整合到一起，一个符合用户自身简要属性和状态的虚拟人格就可以描摹出来，从而提前预知用户的需求。

通过物联网和智能设备，用户将会对自我的身体状况、行动以及周围的环境有更清晰的认知，同时也能够在所需之时采取积极的措施。“场景化连接的我”将存在于移动场景或智能家居场景之中。

可以预期的是，同时拥有容纳各种设备的搭载能力、集成数据并加以分析能力的平台必将成为物联网行业的核心焦点，正如操作系统在移动互联网生态系统所起的基础作用一样，未来物联网平台也会成为移动支付、商户以及其他各项服务的连接器。

一个开放平台所做的并不仅仅是“1＋1＝2”的加法，因为它所创造的整个物联网生态系统将远大于各项组成部分和生态系统上下游的总和。

一个健康的生态系统，对于物联网公司的成功是至关重要的。以规模为导向的平台必须以成本较低的方式，在大众市场中迅速建立数量足够庞大的忠诚用户群。在产品方面，体量更大的用户数，意味着更多有关设备和用户行为的数据将会使算法不断改进，从而促进更好的用户体验。

行业生态

企业生产的商品，大致可以分为两个类别：一类是大批量无差别的，另一类是小批量有差别的。离人越远的越偏向前者，比如钢铁；离人越近的越偏向后者，比如服装。

这两类商品的特质导致两类中心化的趋势，对于无差别类商品会导致某一类行业只剩下少数几家企业，比如钢铁。互联网会使信息透明，而信息透明会让这种可以通过参数比较好坏的产品越来越集中到少数几家有优势的企业中。

对于小批量的有差别类商品，比如服装、工艺品则会在更容易获得和个性化的推动下出现平台。在这一点上可以清楚地看到互联网中心化和去中心化相并行的趋势。

这种中心化是指少数几个大平台，而去中心化是指平台上出售各种越来越具有个性的商品。电子商务平台和各种商品、商家是这种关系，游戏与分发乃至打通游戏账户体系提供虚拟货币的平台是这种关系，写手与小说平台是这种关系，搜索与被搜索的内容也是这种关系。

这种大平台会按类别归并，所以并不会很多，但平台上提供的个性化服务或商品则注定会很多以便满足不同层次的需求。互联网化越彻底，这种中心化与去中心化的组合就会越明显。

这两类中心化与去中心化的趋势很可能会重塑我们的商业和社会生态。

寡头式的中心化加上工业 4.0，最终会导致生产无差别商品的企业极度智能化，凡是可以不依赖于创造力、想象力的东西最终都会被计算机取代，最后剩下的只是电脑无法战胜人脑的工作，比如依赖于想象力和判断力的工作，这注定会是高端工作。这就意味着制造业所能吸纳的就业人数会越来越少。

从创造利润的角度来看，谁成功掌握了中心化平台，例如阿里巴巴、苹果、谷歌，就相当于拥有了在特定领域里制定规则的权利。而各种技术的发展，使这种平台的运作和维护通常并不需要很多人，阿里巴巴、苹果、谷歌三家顶级互联网公司的所有员工加起来还没有一个宝钢多，但宝钢创造的收入、利润与阿里巴巴、苹果相比根本不在一个层次或级别，所以这类中心化的平台会是未来的财富聚集中心。

从平台或者生态中的产品来看，差异化是唯一的出路。一件商品之所以会有价值往往是多种因素复合的结果，如使用价值、信息不对称、稀缺性。以往很多产品之所以有较大的利润空间是因为信息不对称，在互联网让信息透明后无差异产品在激烈的竞争下毛利率会趋零。越是容易量化、同质化的商品越不值钱，而越是差异化、个性化的商品越能产生额外的价值。

这种“平台/生态＋个性化商品”的模式注定会造成贫富差距，在阿里巴巴电商平台上开店的商家不太可能比阿里巴巴还赚钱，越个性化这种可能性越小，因为目标用户会变少。但这种模式确实有可能打造一种纺锤形的社会形态，并且大幅提高人们的生活质量，未来更可能是这两者叠加出来的一种形态。

传统企业管理平台与社会化应用平台的区别如图 1—3 所示。

	企业内外部环境	开放性	沟通方式	管理模式
传统企业管理平台	· 线下的物物交易为主 · 客户沟通以面对面沟通为主 · 企业通过规则严格管理员工	· 封闭	· 人机交互的方式	· 以流程为中心
社会应用平台	· 交易流程逐渐向网络上迁移，物物交易逐渐减少 · 客户更多选择网络方式沟通 · 新一代的企业员工需要更多的个性化展示空间	· 开放	· 人人交互的方式	· 以人为中心

图 1—3　传统企业管理平台与社会化应用平台的区别

企业生态

整个生态系统由小变大的助力，一是来源于内部的企业管理生态，二是来源于外部的商业生态。

传统企业到底应该如何构建自己的互联网生态？简单来讲，有两个生态需要构建：一是企业内部生态。这个生态主要指企业要为新的商业体孵化企业内部的软环境、塑造新的团队、提供资源、提升管理意识、提供技术平台。这实际上是企业内部二次创业的新平台。

以往企业内部管理生态是分层级的，是封闭的流程控制模式；而互联网化思维下管理组织应该是扁平化的，是开放的以人为中心的模式，能激发企业员工自主的能动性。企业与员工的关系将发生转变，以前是雇佣关系，现在是分享、合作关系，共同创造并分享价值，这是一种社会化的合作。

二是企业外部生态。传统企业在数据服务、金融服务、仓储、物流等领域并没有能力完全由自己重塑、构造一个新的商业体。如今可行的方法是，找到符合自己的商业模式规划的合作伙伴和生态体系。

互联网生态下企业和用户之间的关系将发生变化，原来是把产品做好推送给用户，现在是要让用户参与创造产品的环节，使用户成为企业内部一项重要的战略资源。企业与企业之间的关系也将发生变化，以前是竞争的关系，现在则是共同协作打造一个生态体系的关系。

海尔向生态型企业转型

人人自造

企业内部管理生态从原来封闭的层级管理组织变成扁平化的开放创业孵化平台，通过推进人人创客，为员工以及社会上的创业者提供创业机会与平台，在海尔平台上目前已孵化出 2 000 多个创客小微。员工从雇佣者、执行者成为创业者、合伙人，每个创客都直接面对用户，为用户创造价值。包括生产、制造、物流、采购等供应链环节由传统串联的组织变成了共同面向用户的一个个创客。这些创客能够主动创新，吸引用户全流程参与产品创新过程，这一转变成为互联工厂探索的前提。

业业互联

外部生态颠覆了企业研发模式以及企业与供应商的关系。通过海尔开放的资源交互平台海达源（全球家电业第一家为供应商提供在线注册，直接对接用户需求，与用户在线交互、交易、交付并围绕用户体验即时反应的平台），形成了全球一流资源提供商全流程参与创新的生态链。

虽然很早就开始投入研发智能家电的生态体系，但是海尔依然是站在一个制造企业的角度理解移动互联网时代的生态体系的，一直没有解决好产品的社交与传播价值这一主要核心需求，导致产品严重缺乏高频互动价值。所以，严格来说，海尔还是一个转型中的智能化产品制造企业，还不是移动互联网时代的生态企业。

资料来源：《互联网＋海尔：智能制造是一个系统工程》，海尔人，

http：//www.haierpeople.cn/cms/c-48710.aspx，2015-09-14。

产品生态

在互联网的背景下，产品的生产与价值的创造日益走向社会化与公众参与化，企业与用户之间的关系趋向平等、互动和相互影响。

INTERNET BUSINESS ECOSYSTEM AHHHA：社会化产品众包平台

社会化创意众包集资平台AHHHA，如何在一个共享生态的环境中，相互依存，把一个产品的创意变成现实？

AHHHA的创立宗旨是帮助用户实现自己的想法，在这里你可以把任何想法以视频或者文字的形式上传，通过与网站其他用户的交流互动，提供建议，帮助改进，并且投票选出比较有商业价值的想法。那些投票比较靠前的想法，有机会得到资金支持，最终转化成实际产品，实现商业化，并创造盈利。

AHHHA已经有多件产品成功问世，并且成功实现了商业化。在AHHHA平台提供创意、设计、制作、资金的人都同时拥有分享利润的权利。平台方面还透露了成功产品的具体分成比例，原创可以提取10%的利润，平台收取10%～25%的费用，剩余金额则由其他参与者按照贡献多少来分成。

移动互联网时代，产品生态的趋势就是融入产品消费者和销售者、设计者和制造者的资本、智力、资源的众筹创新模式，或者说是共享生态。

YouTube 的内容生产者、Etsy（美国一个在线销售手工艺品的网站）的工匠以及跑腿网站 TaskRabbit 的跑腿人都是通过共享来参与产品生产与服务价值创造的例子。当参与生产的人数足够多时，这些平台就会产生强大的力量。比如 Airbnb（美国一家联系旅游人士和家有空房出租的房主的服务型网站），该公司将那些需要住处的游客与有多余房间出租的房东进行匹配。2014 年约有 35 万个家庭通过该网站为1 500 万人提供了住宿。这个数字足以对传统的酒店业造成压力。

内容生态

一般认为 Web 2.0（以论坛、博客为代表）和 Web 3.0（以社交平台、微博客为代表）的相继流行，UGC 功不可没。随着移动互联网的发展，内容的创作又细分出专业生产内容（PGC）和职业生产内容（OGC），甚至有了 UGC，PGC 和 OGC 谁是主流的争论。

用户导向的内容生产，必须建立内容生产者、内容消费者、内容传播渠道的良性生态系统。用大数据挖掘技术和精细化数据运营来分析用户的实时内容需求，内容生产者基于此供需关系来策展相应内容，做到完全用户导向的内容创作，而不是过度生产热门和浅度内容，这样才会系统性生产出高质量、有价值、有深度的内容来满足用户个性化的兴趣需求。

YouTube是全球最大的互联网原创UGC视频网站，拥有10亿用户。不过YouTube正在面临两头夹击：一方面，网飞（Netflix）、亚马逊等版权视频网站扩大原创剧制作，分流了用户；另一方面，以脸书（Facebook）为代表的新兴视频网站，正在挖走知名制作人或“YouTube红人”。2015年4月YouTube发布新举措，将全面资助YouTube知名制作人，鼓励他们制作新视频节目和剧集。这昭示着这家最大的UGC视频网站也开始从UGC步入PGC及自制节目大潮。

2015年，国内各大视频网站的争夺焦点，也已延伸至PGC领域，甚至将其提升至核心业务层面。与UGC模式相比，PGC专业性更强，内容的质量和品质更有保证，同时由于采用了流量、广告分成的模式，PGC的运营成本和UGC持平，但是收入将远远超过UGC。流量利器UGC业务不能丢，但增加视频平台广告收益的任务只能交给优质的PGC来完成。

此前鼓励UGC模式的国内互联网视频网站已纷纷转战PGC，甚至开始抢占影视业生态链上游，成立影视公司，例如爱奇艺的华策爱奇艺影视公司，优酷土豆的合一影业，乐视旗下的花儿影业、乐视影业。它们签约各大知名导演，最早倡导大师电影的优酷土豆招揽了王家卫等，乐视囊括了张艺谋、陆川，爱奇艺招揽了王晶。

UGC 商业价值变现难，网络视频网站转型 PGC

针对 PGC 自媒体领域网生内容时代的来临，搜狐视频提出打造知识化视频这一新的平台战略。在网生内容崛起的新视频资源时代，大剧、大综艺已经远远不能满足用户的需求，视频内容甚至来到了超越娱乐的阶段。知识影像化时代，视频节目所涉猎的领域非常广，从复杂的高等数学到烹饪、美妆、占星，包罗万象。

在搜狐视频 2014 年整合 56 网发力自媒体视频领域之后，搜狐视频自媒体出品人呈现爆发式增长，搜狐 56 已经入驻自媒体出品人 1 800 名，打造了近万个栏目，视频达到 35 万条。同时，整个平台月观看人次为 6 亿，月观看次数为 18 亿。2016 年搜狐视频预计将拿出 2 亿元直接扶持出品人，未来 3 年则预计将拿出 30 亿元广告位资源交到出品人手中使用，而动用的所有资源价值可以达到百亿元级别。搜狐视频、品牌主、出品人三方联动，以形成成熟的商业化产业链条。

资料来源：《网生时代打造知识视频化 PGC 自媒体新平台》，视频营销观察，http://mp.weixin.qq.com/s?__biz=MjM5MDAzMjc1MQ==&mid=400462896&idx=3&sn=5d414882023cc4c0278c5924f79b3b54&3rd=MzA3MDU4NTYzMw==&scene=6#rd，2015-11-17。

移动互联网的碎片化场景下，深度的、有价值的内容反而愈加显得弥足珍贵。和 UGC 不同的是，PGC 有着一定的优势，它从根本上对内容制造者进行了筛选，即它首先保证了内容的优质。

由自组织的 UGC 过渡到商业化运营的 PGC，也是移动互联网时代新媒体、自媒体品牌诸如罗辑思维、吴晓波、插座学院、猎掌门等的成长之路。

罗辑思维一直被视为自媒体的典范，但实际上罗辑思维团队从一开始就是一个相当专业化的 PGC 制作团队。虽然每个人都身兼数职，但分工明确，并不亚于普通的杂志社或者栏目组。许多原本属于个人名义的公众号与微博大号，现在也开始接受投稿，由专门的团队负责运营。更多的自媒体正在加速转变成为专业的内容生产者。从 UGC 到 PGC，看上去是整个自媒体的发展史，但也揭示了互联网内容生态的发展规律。

生态的两大特征

一个高度进化的生态系统应该呈现两大特征：一是共生、共同进化；二是个性化、多样性。

共生和共同进化是商业生态系统的基础。对利益的追求，是人类社会发展的原始动力，在企业之间的关系上尤其如此。此外，在共同进化的目标下，同一生态系内部是否可能存在竞争关系？总的来说应该是可能的，也就是说任一生态链条上的个体或组织都存在被替代的可能性。事实上，在自然界的生态系中，共生与竞争同样是永恒的主题。

商业系统中的共生有两种形态：一种是在一个地理区域范围

内，横向关联关系（即同行业的关系）形成产业集聚。在这个集聚区域内，相关企业构成一个较大的种群，种群内的个体之间既互相借势又互相竞争，从而得到共同进化。

共生的另一种形态是指纵向关联关系（即上下游产业的关系）形成一个产业链，这个产业链随着市场的变化而随时改变链条的结构和其中的相关企业，链条中的企业形成既合作又竞争的关系。合作是为了形成各自优势核心业务的互补，以共同应对最终产品市场、共同生产一种或几种同类产品；竞争是为了在产业价值链上瓜分利益。

产业链中的企业为了形成最终产品市场上的优势就必须合作，而产业链中上下游企业之间由于利益的冲突又必然会竞争。这种合作导致了产业链中企业的共存，而竞争又导致了产业链结构的优化。产业链中企业之间的合作与竞争导致了共生或共同发展。如 IBM 和它的供应商、原始设备制造商、配送服务商等构成的供应链，就是一个典型的共生产业链商业生态系统。

个性化和多样性是保持生态不断进化的能力。在生态系统中的每一个企业和产品都有自己独特的位置和竞争力，不仅仅是生态帮助个体成长，个体也为整个生态作出贡献。所处的生态层次越低，企业自我控制命运的能力就越弱，因此其自身的发展也就越多地依赖于生态的进化。

在生态战略的布局之下，未来考验的不是企业单打独斗的能力，而是与整个生态的协同能力。将来的市场竞争更像是不同商业生态系统之间的竞争。

生态系统中的生态链和生态圈

生态分为三个层次，简单的是生态圈，复杂的是生态链，终极的生态系统是生态链＋生态圈。

在传统行业，制造业的核心是打造灵活稳定、富有弹性的供应链，供应链不出问题企业就可以正常地生产产品；零售业则需要重视销售渠道，越是具有强有力的销售渠道，销量越能得到保障；金融业则依靠稳定的资金链运转来实现滚雪球式的发展。

互联网行业生态也由生态链与生态圈构成，如乐视的生态系统就是由垂直整合的闭环生态链和横向扩展的开放生态圈共同构成的完整生态系统（见图 1—4)。乐视通过“平台＋内容＋应用＋终端”垂直整合闭环生态链，横向扩展的开放生态圈则是指纵向的闭环生态链的每个环节通过生态开放，引入能够与生态强相关的外部资源。目前乐视已形成互联网（“平台＋应用”)、内容、智能终端、汽车、体育五大生态圈，通过强烈的生态化学反应，不断创造全新的产品体验和更高的用户价值。

生态圈

生态圈以企业之间在运作过程中互相为对方创造价值作为存在基础，往往是基于市场关系的连接。生态圈中的企业和其他组织，运作过程中在资源共享和经营活动上的联系有时较少或相对较少，而通过市场上的协同所形成的市场联结是这类商业系统的

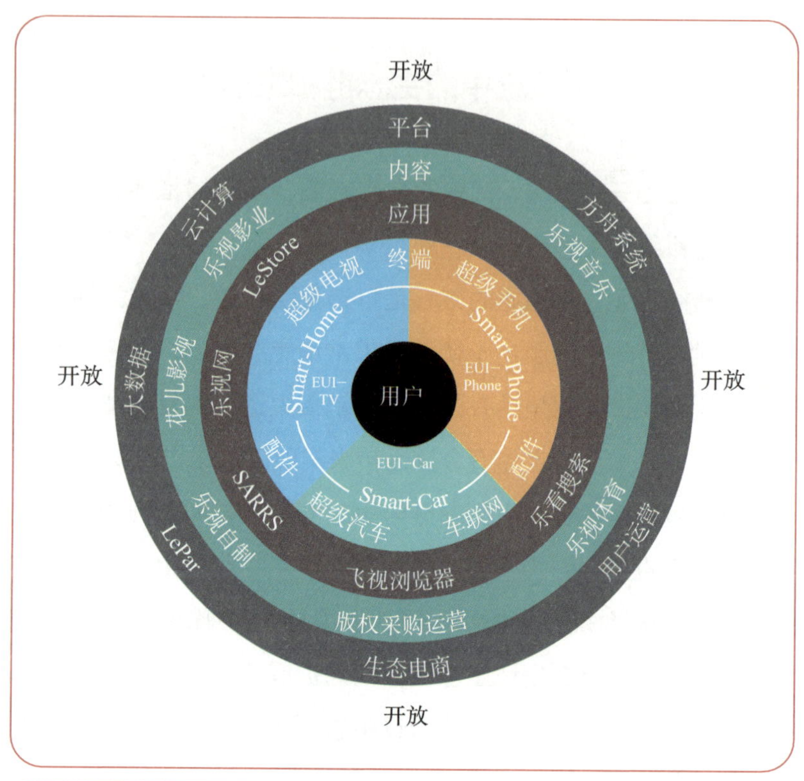

图 1—4　乐视生态

资料来源：乐视网。

主要结构。

阿里巴巴生态圈

在阿里巴巴的生态圈中（见图 1—5），在将最初的 B2B 业务做大做强的基础上，适时进入 C2C 领域；进而发展软件服务业务，依托巨大的用户群和信息，向商家用户提供后台业务管理，包括通用的进销存和财务管理；打造阿里妈妈进军广告服务业，以新型的第三方平台形式聚合了数量庞大的广告供求双方。

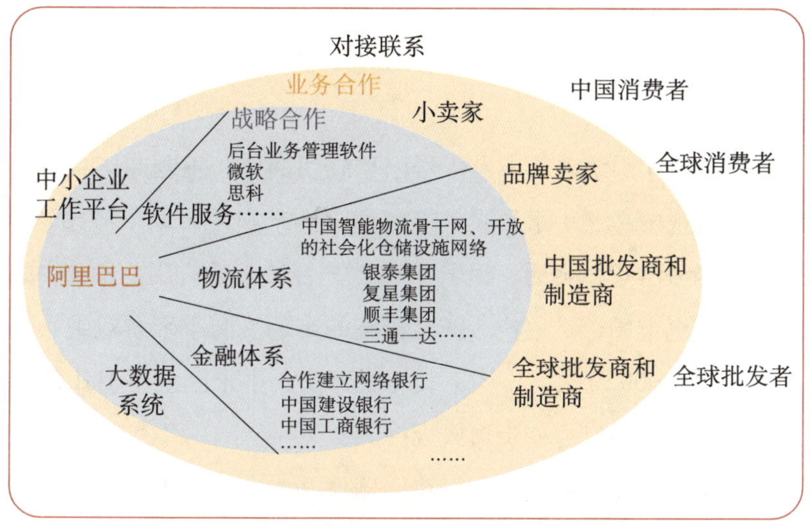

图 1—5 阿里巴巴生态圈

资料来源：中国经济报告。

阿里巴巴还联合中国建设银行、中国工商银行向企业推出贷款产品，与银行合作设立网络银行并融合支付宝、阿里融资业务组建金融体系，主要面向消费者金融和小微企业的金融服务。阿里巴巴联合银泰集团、复星集团、顺丰集团、三通一达（申通、圆通、中通、韵达）及相关金融机构共同构建中国智能物流骨干网（菜鸟网络），共同打造物流体系生态圈。

小米生态圈

小米生态圈的核心是移动互联网、智能硬件、电商平台三个生态圈。

一是围绕 MIUI 的移动互联网生态圈。目前 MIUI 用户已经过亿，而从 2014 年 8 月起，互联网服务收入（MIUI 收入）每月超过 1 亿元。小米应用商店应用分发量，2015 年 5 月已超过 180 亿。

在 MIUI 系统内，小米账号已和应用商店、主题商店、电子阅读、游戏中心、小米云服务等打通，小米应用市场下载超过 5 亿次，涵盖游戏、生活、娱乐等 16 类产品 2 万款应用，位列中国前五大安卓市场，是用户活跃度最高的市场。而小米游戏中心总下载超过 6 000 万次，日均下载 100 万次，小米围绕 MIUI 的移动互联网生态圈已经初步形成规模。

二是智能硬件生态圈。以路由器作为中心，加上小米智能模块，可适配集成在家电设备中，通过通用的控制中心，来统一家电设备入口。另外，小米智能模块还提供通用云服务，打通了应用云、基础云、网络基础设备，免费提供云服务给各大合作厂商。

接下来小米还会将所有合作厂商智能硬件产品的操控和同步聚合在 MIUI 系统中，为家电合作伙伴提供成本为 22 元的智能模块，届时包括美的在内每年卖出的数亿台家电将全部与小米手机连接，构成庞大的智能硬件、智能家居生态圈。

三是电商平台生态圈。小米手机 2014 年销量达到 4 000 万台，以 2 000 万台红米手机、2 000 万台小米手机计，仅手机产生的营业收入就超过 550 亿元，小米电商平台已成为淘宝、京东之外的中国第三大电商平台。

除了小米手机，小米还陆续推出了小米盒子、小米电视、小米平板电脑、小米阅读器，以及路由器、移动电源、随身 WiFi、耳机等诸多产品，丰富小米电商平台的产品类别。2015 年 7 月雷军在微博宣布了小米 2015 年半年的傲人成绩单，截至 2015 年 6 月 30 日，小米手机销售量为 3 470 万台，同比 2014 年增长 33%。至此，小米连续五个季度稳居国内手机销量第一。

微信“消费+社交”生态圈

2015 年中秋节期间微信卡券联合“金房卡”酒店微信联盟、全国 24 个大型酒店集团的 600 家酒店发起“微信月饼消费月”活动。在碧桂园酒店集团、白天鹅酒店集团等酒店的微信公众号里，月饼被打造成一张张微信卡券，消费者可购买礼券自用或赠送给好友，领取、寄送等全流程也都可在上述微信公众号里完成。买月饼送好友，还可亲自录制一段祝福，随同月饼券一起秒速赠送给亲朋好友。甚至还可以建立兴趣小组、做语音传情、群发月饼等，将真正有需求、有共同语言的用户聚合起来。

通过微信卡券把月饼打造成一个社交工具，许多人收到月饼不一定自己吃，可能会赠送给他人，而微信卡券转赠方便，利于二次转赠，达到裂变式营销效果。微信通过卡券改变了传统的“搜索+电商”模式，以酒店为运营商，以买、送月饼为消费场景，基于微信社交、支付和卡券功能打造了“消费+社交”生态圈。

优步“出行+社交”生态圈

优步让出行变为社交。优步提供一个平台，实时提供私家车司机和乘客的信息，并把他们相匹配。优步模式利好的对象并不仅仅是用户，它使闲置的私家车主进入了市场，并获得了灵活的劳动时间。

很多高级白领、富二代热衷于放下身段，开着豪车不计成本地成为优步司机。很多女大学生、女白领也很愿意尝试搭乘优步中的高档轿车，结识“高富帅”，拓展社交圈子。优步使得出行成为幌子，而社交成为了内核，通过生活方式和运输方式的交汇形成“出行+社交”生态圈。

生态链

生态链是指不同业务参与者所形成的以价值创造和价值共享为基础的经济联合体。生态链往往是基于利益连接的，在资源和经营活动上相互依赖，彼此互为各自价值增值活动中的一部分。

小米生态链

2013 年 8 月，在手机业务初具规模后，小米生态链团队应运而生，由联合创始人刘德挂帅，意在搜罗国内一流的智能硬件创业团队，覆盖日常生活场景中一切可能出现的硬件产品。

小米生态链以手机为核心，快速搭建产业链，连接所有智能设备。不仅涉及各个硬件设备的制造、软件研发、销售和进出口等，还布局了包括地图、影视、智能家居、互联网金融、移动安全、新媒体、电商、手游等。

未来小米生态系统的中心将由手机、电视机、路由器三大产品线组成，中心不再做品类扩张，只做内容扩张。外围则负责品类的全面扩张，小米计划用投资的方式入股 100 家硬件公司，向其开放品牌和流量，以覆盖多数智能硬件领域。如果有足够庞大的终端接入，小米将拥有业内最完整的硬件生态，大量终端的数据在平台汇聚，最终形成一个数据采集、服务中心。若真如此，雷军离他的小米生态链“帝国梦”就不远了。

阿里巴巴生态链

阿里巴巴生态链的构成庞大而复杂，通过推出独立的第三方支付平台支付宝，将其应用于商业服务、虚拟游戏、金融信贷等多个领域，同时阿里巴巴通过并购雅虎的搜索部门，获得了先进的搜索技术，更控制了电子商务的上游产业链。

在业务合作关系（交易主体）层面，阿里巴巴平台上的中小企业主，淘宝上的中小店铺、品牌卖家，中国以及全球与阿里巴巴平台形成业务合作的批发商和制造商，都是其业务合作的主要伙伴，这些小企业或小店主自发形成无数个组织化的生态链，既有供产销式的网商之间的供应链，也有由小企业集群与专业服务商构成的利益链。

随着阿里巴巴的生态圈＋生态链逐步扩展，通过构筑电子商务集团、智能物流骨干网、蚂蚁金融服务集团三大支柱，并以阿里云和大数据平台为支撑，阿里巴巴成功地打造出信息流、物流、资金流“三流合一”的产业生态。

生态的苹果树法则

商业生态中的规律与自然界生态中的规律有许多类似之处。

例如一棵苹果树，根系吸收土壤中的水和无机盐，叶子吸收空气中的二氧化碳，进行光合作用，合成有机物，同时储存能量，满足自身的需要。通过呼吸作用，分解体内的有机物，释放出能量，满足自身生命活动的需要。

商业生态系统中的苹果树法则是：果实——生态的上游，包括产品、内容的产生；树干、枝叶——生态的中游，包括平台的聚合、分发；树根——生态的下游，包括终端入口、用户社群、品牌的打造。

例如乐视“平台＋内容＋应用＋终端”垂直整合的完整生态系统，构建了一个从上游内容生产，到中游平台集纳，再到下游终端设备覆盖和外部应用输入的完整生态。

生态系统的竞争与平台竞争截然不同。平台型企业之间比拼的是规模和开放度，这些更倾向于业务层面，而生态系统之间比拼的是连接物种的丰富度和依赖度。

打车应用平台优步正将商业生态从上游的服务、中游的平台，扩展到下游，大举抢占社区用户和 O2O 入口。

为了解决社区“最后一公里”的出行问题，优步选择的合作对象是地产商和物业公司。优步在深圳设立了首批近 50 个优步站牌（UberSTA-TION），覆盖万科在深圳的 16 个住宅小区，花样年的部分写字楼和住宅小区，海岸城、欢乐海岸等购物中心和五星级酒店。在广州，优步站牌主要分布在超过 50 个住宅小区和商业楼盘，合作方包括碧桂园、万科等旗下物业。

此前滴滴快车也在上海等地推出过类似的候车站点。滴滴快车方面表示，计划在上海各商场、社区、医院等地设置滴滴车站，年内目标是超过 500 个。

优步、滴滴快车是出行的平台，同时也是一个移动互联网社区的概念。从商业模式的角度，在社区、写字楼设立站点，解决了早晚高峰打车难、用车难的问题，同时还可以把车站维护成电子屏，把周边的商圈、物业、生活所需都放在这个平台上，和物业公司合作，带来更多的社区增值服务。

打车软件做社区，一是可以增加应用黏度，通过社区进行更广范围的传播和推广；二是可以根据用户在社区的讨论，迭代和改进产品功能，或根据用户的兴趣点寻找新的机会。围绕移动端出行这一刚需，打车软件或成为这一生态圈的基础服务商，连接更多需求。

深圳乐道购电商推出了“财神到家”小区快递服务。为解决社区“最后一公里”的快递收派件问题，整合小区快递资源，以收派件众包的方式，“半小时揽件，未到直接免单”的差异化服务，打破快递行业潜规则，短短几个月时间业务覆盖广州祈福新村、华南碧桂园等多个社区，直接取代申通、圆通等传统快递在当地社区的快递收发业务。类似这样未来基于生态下游社区用户，围绕周边的商圈、物业、生活所需打造入口、社群的竞争还将在更多传统行业上演。

生态的基础：大数据

20 世纪 90 年代末，美国航空航天局的研究人员创造了大数据一词，在互联网特别是移动互联网的推动下，人类已经全面进入大数据时代。根据观研天下的监测统计，2011 年全球数据总量已经达到 1.8ZB（1ZB 等于 1 万亿 GB），1.8ZB 也就相当于 18 亿个 1TB 移动硬盘的存储量，而这个数值还在以每两年翻一番的速度增长，预计到 2020 年全球将总共拥有 35ZB 的数据量，增长近 20 倍。

物联网、云计算、移动互联网、车联网、手机、平板电脑、PC 以及遍布地球各个角落的各种各样的传感器，无一不是数据来源或者承载的方式。大数据技术最核心的价值就在于对海量数据进行存储和分析。

大数据时代的来临，无疑为企业的管理、品牌的市场推广和商业运营提供了更全面、更深入和更精确的数据依据，对企业来说其商业领域所产生的作用主要体现在以下几个方面。

加速企业产品的迭代

非互联网时代的产品，功能是它的价值；互联网时代的产品，数据成为它的价值。大数据的真正价值在于创造，数据能告诉我们每一个客户的消费倾向，他们想要什么，喜欢什么，每个人的需求有哪些区别，哪些又可以集合到一起来进行分类。

过去不可计量、存储、分析和共享的很多东西都被数据化了，大数据能提高生产效率和销售效率，原因是大数据能够让企业知道市场的需要和人的消费需要。大数据让企业的决策更科学，由关注精确度转变为关注效率的提高。大数据分析能提高企业的效率。

在互联网大数据时代，企业产品迭代的速度在加快。苹果、小米手机制造商半年到一年就推出一代新智能手机。利用互联网和大数据提高企业效率的趋势下，快速就是效率，预测就是效率，预见就是效率，变革就是效率，创新就是效率，应用就是效率。

从不能预测转变为可以预测

大数据的核心就是预测，而这种预测对于企业的产品开发和投资，以及企业的商业推广而言将产生难以估量的价值。大数据能够预测体现在很多方面。大数据不是要教机器像人一样思考，相反，它是把数学算法运用于海量的数据来预测事情发生的可能性。正因为在大数据规律面前，每个人的行为都跟别人一样，没有本质变化，所以大数据帮助企业比消费者更了解消费者的行为。

互联网、移动互联网和云计算保证了大数据实时预测的可能性，也为企业和用户提供了实时预测的信息、相关性预测的信息，让企业和用户抢占先机。由于大数据的全样本性，人和人都是一样的，因此云计算软件预测的效率和准确性大大提高，有这种迹象，就有这种结果。

大数据帮助微软准确预测了世界杯足球赛。微软大数据团队在 2014 年国际足联巴西世界杯足球赛前设计了世界杯模型，该预测模型正确预测了赛事最后几轮每场比赛的结果，包括预测德国队将最终夺冠。预测能成功归功于微软在世界杯足球赛进行过程中获取的大量数据，到了淘汰赛阶段，数据如滚雪球般增多。掌握了有关球员和球队的足够信息，就能适当校准模型并调整对接下来比赛的预测。

从人找信息转变为信息找人

互联网和大数据的发展，是一个从人找信息转变为信息找人的过程。推荐引擎的诞生，就是从人找信息到信息找人的一个趋势，推荐引擎能够根据用户的行为、属性，对象的属性、内容、分类，以及用户之间的社交关系等数据获知人的潜在需求，主动向用户推荐其感兴趣或者需要的对象。

推荐引擎技术已经应用在电子商务、新闻、社交等多个行业。推荐引擎能基于社交关系网络进行推荐原因在于，通过分析用户所在的社交关系网络，找到其最能够影响到的用户，或者最能够影响到该用户的用户，再综合每位用户的个性化偏好进行推荐。

在电商领域，用户行为信息量之大令人难以想象，根据专注于电商行业用户行为分析的公司的不完全统计，一个用户在选择一个产品之前，平均要浏览 5 个网站、36 个页面，在社会化媒体和搜索引擎上的交互行为也多达数十次。如果把所有可以采集的数据整合并进行衍生，一个用户的购买可能会受数千个行为维度的影响。对于一个一天 PU 近百万的中型电商，这代表着一天近 1TB 的活跃数据。而放到整个中国电商的视角来看，更意味着每天高达数千 TB 的活跃数据。正是这些购买前的行为信息，深刻地反映出潜在客户的购买心理和购买意向。

亚马逊正是运用大数据技术实现对这些用户行为信息的分析和理解的。个性化推荐引擎基于网站最热卖商品、客户所处城市、客户过去的购买行为和购买记录，为客户推荐商品，自动完成个性化选择商品的过程，满足客户的个性化需求。例如，当客户浏览了多款电视机而没有做购买的行为时，推荐引擎会把适合客户的品牌、价位和类型的另一款电视机的促销信息主动发送给客户。

从标准化生产转变为大规模定制

制造业竞争的全球化和用户需求的多样化使得传统制造业发生了巨大变化，制造业开始追求更多的产品变化、更短的产品生命周期、更低的产品成本和更高的产品质量。在这种背景下，大批量定制得到了迅速发展，正在成为大数据时代制造业的主流生产模式。

大规模定制是指集企业、供应商、用户于一体，充分利用企业已有的各种资源，在标准技术、现代设计方法、数据信息技术和先进制造技术的支持下，根据客户的个性化需求，以大批量生产的低成本、高质量和高效率提供定制产品和服务的生产方式。

大批量定制要求制造业将两种完全不同的生产方式，即大批量生产和定制生产组合在一起。以类似于标准化和大规模生产的成本和时间，提供满足用户特定需求的产品和服务。因此，要想既能有效降低大规模定制所产生的高成本，又能真正做到提供个性化产品和服务，就必须对用户需求有很好的了解，这背后就需要依靠大数据技术。

大数据对制造业大批量定制的价值将继续深挖。目前对于数据的价值分析只是处于初级阶段，不同类型和渠道的数据之间没有有效地融合，分析结果往往来源于相对比较独立的数据。未来，随着新的技术和工具不断演进，大数据分析将进入更高层次。更多类型和渠道的数据融合在一起，协同分析，企业对个人的行为画像将更加全面精细，对于业务流程的优化和诊断将提到一个新的高度。现在很多企业都已经把数据视为核心资产，未来的制造企业将以生态立足，以数据取胜。

生态的基本原则

商业生态系统是依托复杂的社会、经济生态复合系统，通过企业组织成员间的协调发展及其与环境间相互作用的生态机制，获取生态效率的系统。这一复杂系统的演化过程更具复杂性。生态的基本原则主要包括以下几个方面。

生态的迭代与演进原则

生物学中的生态系统平衡，是指在一定时间内，生态系统中生物与环境之间、生物各种群之间，通过能流、物流、信息流的传递，达到互相适应、协调和统一的状态，处于动态的平衡之中，这种动态平衡称为生态平衡。

相互依存和相互制约，反映了生物之间的协调平衡关系，是构成生物系统的基础。在商业生态系统中也是如此。系统中各成员具有各自不同的特定作用，执行某一功能，同一子系统中成员之间相互依存、相互制约，不同系统成员之间也存在依存与制约的关系。某一成员个体的缺失将对整个系统造成或大或小的破坏，成员之间的协同进化会使整个商业生态系统维持一定的动态平衡。

与自然生态系统中的物种一样，商业生态系统中的成员最终都要与整个商业生态系统共命运。但是与生态系统又有所不同的是，商业生态系统是经过精心策划的有未来目标和构想的人工系统。

如同人类的进化一样，商业生态也经历着从简单到复杂、从低级向高级、从低效向高效的进化过程。其层级如图 1—6 所示。

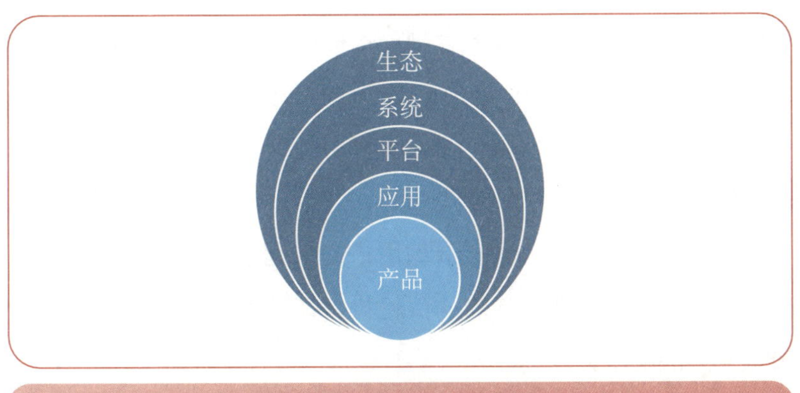

图 1—6 商业生态的层级

（1）产品：最底层的生态要素，移动互联网时代的产品强调高频、交互、内容。如腾讯生态中的微信、手机 QQ 等产品。

（2）应用：围绕产品衍生的应用让产品使用更高效。如微信的即时通讯、扫一扫、摇一摇、朋友圈等功能应用，百度的语音识别、人脸识别等技术。

（3）平台：当累积的应用足够多时，便产生应用之间相互连接交互的需求，于是产生了承载应用交互的平台。如微信的公众平台、开放平台、企业平台、游戏平台等。当产品的市场占有率在行业市场达到30%，或者细分市场达到50%的相对垄断市场地位时，即具备进化为平台的条件。平台通过制定规则来规范应用，以便更好地实现产品功能，让更多的产品型公司在平台上能赚到钱。

（4）系统：当平台累积的功能足够多时，便产生功能之间相互沟通的需求，于是产生了交易产品、服务与信息的需求。平台衍生出搜索、社交、电商、金融等各种复杂商业形态系统。

（5）生态：最简单的生态包括应用＋内容＋终端（或渠道）＋（云）平台，如微信生态中应用由众多开发者提供，内容由 UGC 产生，分发到每个用户，由平台＋系统支撑整个生态。生态的核心是大数据，动态跟踪用户的数据和行为，以及用户指标，未来就可以判断用户的消费趋势，在消费趋势的基础上配套极致的产品和服务。

从产品到应用，到平台，到系统，再到生态，每一层次的升级都是整个生态价值转化的加速器。

产品演进的速度决定了生态进化的速度，而生态的不断进化又催生更高效的产品出现。

生态的社群原则

从人本角度去回望，过去经济社会的治理模式是将人类社区物化的过程，物化过程带来了社会经济的解构和重构，也带来了现代化社会，一切结构化，一切数据化，一切可管理化。社群是人本回归，是现代工业社区的重构和再组织，让技术、数据、管理等为人服务，社群生态下衍生出的分享经济（Airbnb、优步等）、粉丝经济（小米、roseonly 等）、C2B（团购、众筹等）等创新模式不断涌现。

小米品牌和产品运营的社群化使得小米的供应链变成了动态供应链，小米的营销变成了社群口碑营销，从而在前端和后端都发生了历史性变革。小米通过社群经济模式在生产关系的创新基础上推动生产力变革，这就是移动互联网时代的生态玩法。

价值原则

社群的第一层价值叫做渠道，这个渠道包含三种：沟通的渠道、传播的渠道和销售的渠道。也就是把社群当成一个渠道，然后实现流量的变现转化。

社群的第二层价值叫做平台，通过社群收集产品的使用数据与内容，可以实现产品的快速优化迭代，实现多中心的裂变。再往上一个层级是社群的生态价值，就是通过社群可以实现资源整合、产业链上下游的打通和布局，甚至可以通过社群碰撞出一些新的商业模式。

社群有两个核心价值：一个是基于个体社交的立异取向，单向的供需满足产生个体社交短路价值；另一个是基于群体社交的求同取向，价值观趋同产生精准投射的分众价值。简单来说就是“分众产生市场，跨界实现价值”。

有聚原则

建立以用户为中心的服务模式和产品模式是社群经济的基础，柔性化、分布式、个性化、动态化是社群经济的特点，无论是小个体，还是大企业，都可以选择自己能力范围内的服务单元，并接入到大平台里，而平台提供云计算、电商、大数据、商业智能等核心能力。

未来的社群经济在后工业化社会里用互联网社群的产品和技术来连接和重构社会和经济，产品即文化，产品即社群，社群经济要依托于产品创新。

电商是把生产关系中的买卖关系连接并产品化，社交网络是要人和人、人和企业、人和兴趣等连接并产品化，优步、滴滴快车是把出租车和乘客连接并产品化，我们可以清晰地看到社群经济时代的创新法则：连接一切就是改变一切。

社群的核心是人，社群就是人的连接。人们在互联网上形成了多中心且中心快速迭代的网络状结构，每一个中心周围聚集的个体就是社群，而社群内的个体又相互连接，形成了一个个“小气候”。在互联网时代，群落只会因为价值观趋同而形成。一个社群运营的好坏，在于内部成员之间的连接互动。因此，社群要让成员充分连接聚集起来，连接产生更大价值。

有趣原则

派恩和吉尔摩在《体验经济》一书中曾做出预见："未来社会的经济成果中，产品约占 4%，服务约占 16%，体验约占 80%。"因为商品是能够轻而易举被交换或代替的东西，服务和体验才是真正能够形成差异性、构成竞争力的所在。

社群经济是对体验经济的进一步深化和延伸，围绕体验为核心形成全新的商业生态和运行规律。在社群经济中，审美意识和情感因素占据主导地位。人的本性里天然有对社群的情感需求，在社群交互中会产生极大的身份认同和情感满足。

随着移动互联网技术的发展和移动终端的普及，无时无刻不在进行的社群交互，大大激发了用户的主动性和创造性，感性得以极大的释放。粉丝因为认同社群创建者的品牌和人性光辉，才聚集在一起，并且参与社群互动，发挥自主性，贡献创造力。对社群成员情感体验的满足，成为社群运营的核心。只有紧紧抓住用户的心理体验和情感诉求，才能形成一个个不同凡响的社群，这也是社群的"魅力人格体"的意义所在。从苹果到小米，从乔布斯到雷军，从罗辑思维到锤子手机，都有着独到的个性主张和丰富的情感表达。

运营原则

社群因连接而产生，却因运营而存在，并且从来不能独立存在。社群的运营原则有三个核心。

第一是明确价值取向。社群提供的价值何在？给出简单而清晰的目标，逐级实现，对于许多社群尤其是大社群来说，用户的长期维系与活跃会面临挑战。是为社群成员提供信息沟通平台，提供收获成长的机遇，还是创造价值倍增的场景？明确价值所在，让每个人都清楚，是社群成功的关键。

第二是实现价值输出。需求创造价值，缺乏价值输出的社群，必然会失去长期存在的基础。每个社群成员如果在社群中无法获得自己所需的价值，就必然会离开。因此，强调价值输出是社群的核心。

第三是建立游戏规则。社群中个体社交的立异取向和群体社交的求同取向是同时存在的，有效平衡这两个需求并保持社群运营稳定就是规则。被认同且被坚决执行的规则，是既保持社群达成共识又满足个体价值需求的根本。

从运营管理的团队机制，到日常社群的运营，再到奖惩、激励机制等，都需要明确，并达到自运营状态，这样才能去中心化，才有激活每个人的能量，产生价值最大化的可能。

生态的商业原则

消费者需求驱动经济的发展，是商业生态系统形成的基础。社会分工的发展导致单个企业无法独立为消费者提供全套产品和服务，所以为了满足消费者的需求，企业必须与相关的企业更加紧密地合作。也就是说，消费者的需求推动了企业间的联合，并最终走向一个更高水平上的合作，即商业生态系统。

如亚马逊为了向消费者提供无缝的服务，已经集成了很多企业到它的网上书店上，比如雅虎提供搜索引擎，威士、万事达、美国运通和其他信用卡机构提供支付服务，英迈提供仓储和物流服务等。

商业生态系统打破了传统的行业界线，一个商业生态系统可以横跨好几个行业，使不同行业的企业走到一起，从而增加商业生态系统各自的市场机会。传统的产业正在死亡。产业作为描述商业活动的一个概念已不再有效，替代产业的最佳说法也许是商业生态系统。

互联网生态系统作为一种新型的商业生态，不仅具有商业生态的一般特征，同时具有以下两个重要原则。

优势排名原则

生态金字塔最顶端的企业总是能够获得最多的收益，这和生态链上的分配原则是高度一致的。终端价格和原料供应之间的差价全部由售卖终端产品的企业获取。

处于生态核心位置的企业具有这个商业生态内最大的议价能力，最终最有可能成为最大的赢家。

商业生态系统网络中核心成员的作用就是为该网络其他成员创造出一个提供解决方案的平台，核心成员是整个生态系统资源的领导者，通过提供平台以及监管服务，扮演电子商务生态系统中资源整合和协调的角色。

所处生态层次越低，企业自我控制命运的能力就越弱，从而越多地依赖于生态的进化。

优胜劣汰原则

优胜劣汰原则就是生态内的自我竞争。

这里不得不提到一个生态学概念——生态位。所谓生态位，就是生物在特定时间、特定空间享受特定生存资源、拥有最大或相对最大生存优势的特定位置。各种生物都有自己的生态位，亲缘关系、生活习性越接近的物种，在同一地方、同一生存空间产生的竞争越明显。

当两个生物利用同一资源或共同占有某个环境变量时，就会出现生态位重叠，由此就产生了竞争。

企业生态中也是如此，当生态中的一个企业与其他企业相关联的特定市场位置、地理位置和功能地位发生重叠时就会产生竞争，竞争的结果就是优胜劣汰。

生物生态中的优胜劣汰是被动的自然选择的结果，相对来说是比较稳定的；而企业生态位则是主动选择和竞争行为所决定的，且经常发生变动，商业生态中成员企业在生态系统中所处的位置是其在系统中竞争实力的标志。

作为众多企业联合体的商业生态系统，并非乌合之众，其组成遵守集合定律。如同自然生态系统一样，每个企业要想生存必须在某一空间、时间、顾客、技术和管理方法上与其他企业有所区别，只有这样才能避免过度竞争。系统中成员企业准确的定位不仅减少了企业间的竞争，更重要的是为成员企业间功能耦合、形成自循环、实现协同进化提供了条件。

商业生态系统中领导企业和其他合作者一起集成为以产、

供、销价值链为核心的系统，网络成员结成合作竞争下的跨行业动态战略联盟。

系统在更为广阔的领域内整合资源、协调能力、共享信息、不断优化整体绩效和功能水平。商业生态系统中的成员与整体系统同呼吸共命运，并以商业生态系统整体在市场上参与竞争。相对于单个企业和一般的战略联盟及产业集群具有更强的竞争优势。

生态的理解误区

生态不是超级平台所独有的，而是企业发展规模扩张的结果。互联网特别是移动互联网的发展，打破信息、商业、产业的边界，生态与生活息息相关，对生活、事业、家庭造成了巨大的冲击。对于众多行业而言，则是颠覆和重生。

无论是产品互联网还是生态互联网，都是相互关联、共生共存的关系，而非竞争或升级换代的进化过程。两者是生态的不同阶段和不同定位。

移动互联网生态的本质是垄断，而不是竞争。垄断的类型并不唯一，谷歌的搜索引擎和安卓系统代表着一种最高级别的技术垄断，而苹果则代表着一种对手机行业品牌势能的垄断。任何一种垄断的产生，其根源都是产品在特定领域的无可复制性。独特必定会产生价值，垄断企业所获得的巨额销售利润回报，正是对这种独特的创新的奖赏。

垄断的产生和存在需要满足四个必备的条件：一是市场份额

足够大，而且没有挑战者；二是合谋成本与惩罚代价低，值得冒险；三是需求较少受价格波动影响；四是每个同盟成员都能抵制欺骗，拒绝诱惑，永不作弊。

而从互联网企业自身来说，垄断不再需要同盟。从渠道看，软件的铺展范围更加宽广，扩张速度以几何级数增长；产品的边际成本几乎为零。这使互联网产品更容易形成垄断，生活中每天发生的搜索、聊天、娱乐来源、工作管理，每一个领域都已经形成垄断，或在逐渐走向垄断。移动互联网生态中垄断企业的常态化，将成为未来互联网行业的一道风景线。

互联网生态的趋势

互联网生态思维的核心是共享与协同

全球最大的出租车公司优步没有一辆出租车；

全球最热门的媒体脸书没有一个内容制作人；

全球最大的住宿服务提供商 Airbnb 没有任何房产；

全球最大的零售商阿里巴巴没有一件商品库存……

在生态里所有权都被改变了，在说到共享的时候所有权都不再重要了。因此，谁是生态系统的构建者其实没有那么重要。重要的是，一方面要能聚合多样化的组织，通过资源与能力的互补及价值链/网的构造创造出比单个组织的简单聚合更大的价值；另一方面要能在生态中找到自己的位置，获取自己应有的利益。

之所以在此处重点提出开放协作，是因为自建生态也好，融入生态也罢，开放性创新是最好也是最应该迈出的一步——最大限度地扩展协作，互联网很多恶性竞争都可以转向协作型创新。互联网的一个美妙之处就在于，把更多人更大范围地卷入协作。

我们也可以感受到，越多人参与，生态的价值就越大，用户需求就越能得到满足，每一个参与协作的组织从中获取的收益也就越大。所以，适当的协作还意味着，在聚焦自己核心价值的同时，尽量深化和扩大社会化协作。

互联网生态的本质是跨界与融合

互联网经济的发展形成了一个以互联网为纽带的产业跨界和融合的新模式。

互联网企业正在颠覆一些传统企业的商业模式，成为不容忽视的力量，传统经济体也在积极拥抱互联网。互联网成了连接传统产业与新兴产业的桥梁，是产业跨界投资和融合的重要平台。

互联网产业链正在进行更广泛的垂直整合。平台运营商、内容服务商、产品制造商等加速将自身业务向产业上下游延伸，打造硬件、软件、应用服务一体化的产业模式，抢夺互联网以及移动互联网的入口，构建互联网生态体系。

互联网与传统产业的跨界与融合正在加速。一方面，传统企业积极拥抱互联网，用互联网工具变革自己，传统行业和企业正在加速与互联网融合。典型的如传统商贸、商超、零售企业纷纷向互联网转型，推动着我国网络购物市场高速发展。互联网教育、互联网娱乐、互联网医疗以及互联网金融等正在持续发酵。另一方面，随着大数据、云计算、移动互联网的发展，互联网与传统经济的融合正在加速。移动互联网以前所未有的信息连接、传播速度，云计算技术以超强的存储和计算能力，大数据技术以快速准确的数据挖掘能力，联袂向传统行业的研发设计、生产制造、采销渠道、消费领域的广度和深度渗透，促使生产、消费、服务和流通一体化。

从互联网到移动互联网经济，再到物联网的 O2O，BAT 等未来巨头们正在打破死结，构建互联网企业与传统企业之间的商业连接和价值变现的渠道。正如乐视、360 与酷派，美的与小米的合纵连横一样，未来纯互联网生态与纯制造生态的相互跨界与融合，将是移动互联网生态的核心。这种跨界与融合一旦成功，将为中国经济注入巨大动力，轻松打破政策限制和贸易壁垒，帮助企业实现向互联网生态进军的完美蜕变。

INTERNET BUSINESS

ECOSYSTEM

Refactoring Business Rules

第二章

互联网生态的构建规律

最近几年，发生了很多极具创新性的事件，使得我们从未像今天这样切身体会到什么叫日新月异、天翻地覆。电子商务冲击零售实体店，微信冲击短信，以 YY 和乐视网为代表的互联网电视冲击传统电视；在广告行业，百度的广告收入首次超过了央视；搜房网二手房的交易金额占 100 多个城市二手房交易金额的一半以上。这是一个颠覆的时代，也是一个创新的时代。

互联网开始与各个传统行业连接起来，比如互联网金融、互联网交通，它还跟医疗、教育、房屋互换、二手交易和家政服务，甚至环保等连接起来。小米携手美的一路高歌进军智能家居，乐视开始做手机、汽车，百度、360 开始做路由器、手机。在移动互联网时代，最激烈的竞争就是跨界竞争。传统企业与互联网企业、新与旧、颠覆与重构的竞争正在不断上演。

互联网生态的进化规律

未来，移动互联网如同龙卷风般的变革将会进一步朝哪些方向席卷？如果用一句话归结，那就是：互联网将逐步消灭或者边缘化一切基于信息不对称的商业模式，这就是互联网生态进化的规律。

回到商业的本质，简单来说，商业可以简单分为两大环节：

创造价值和传递价值。任何时代，价值最先被创造出来，然后经过一定的“环节”流通传递给用户，这是一个完整的闭环。

互联网对传统商业生态传递价值的重构

传递价值环节有三个要素，分别是信息流、资金流、物流。连接是互联网的本质，通过提供信息和生活服务，互联网改变了人与人、人与世界相互连接的关系。互联网以信息通信技术连接了人与人，以网络技术连接了人与商业，互联网通过连接的效率，缩短或者重构传递价值的商业价值链。

互联网巨头 BAT 的成功原因就是基于连接重构了商业价值，如百度的搜索（连接人与信息及服务）、阿里巴巴的电商（连接人与商品）和腾讯的社交（连接人与人）。

传媒

互联网对传统商业业态的颠覆首先体现在信息中介行业，比如传统纸媒，以及依赖于传统媒体的衍生行业，比如传统广告、传统公关。当信息可以通过互联网和移动互联网随时随地获得时，传统媒体的中心化、时延性的中介价值，迅速贬值。而随着信息中介产业也将被重构，广告传媒行业将不得不改变商业模式。

无论是从受众规模、投资规模，还是业内企业的数量看，大多数传统媒体都呈现发展滞缓和衰退的趋势，报刊种类、广播和电视台的数量近 6 年持续下降。这一方面是由于受众规模收缩，市场需求减少；另一方面是由于部分传统媒体经营不善，难以为继。

由清华大学新闻与传播学院及社会科学文献出版社共同发布的《中国传媒产业发展报告（2015）》指出，2014 年全国报纸印刷用纸量约为 270 万吨，同比减少了近 1/4。这说明虽然各家报社对发行量讳莫如深，但报纸发行量事实上下降了 25%左右。同时报业赖以生存的广告市场连续 4 年负增长，2014 年的下降幅度甚至达到 15%。广告和发行量双双折戟，报业已经步入衰退期，颓势难挽。

报纸、平面媒体等作为媒介形态在时效性、互动性、信息量等方面的天然缺陷，导致其主流媒体的地位将逐渐被互联网等新兴媒体取代。未来 5～10 年传统媒体市场还会不断衰退。

而互联网巨头携技术与资本优势，已强势进军传统媒体行业。阿里巴巴通过一系列的资本运作，实现对传统媒体的战略掌控、对新媒体的战略布局，仅仅在 2014 年阿里巴巴涉及传媒领域的投资并购数量就多达 10 起，先后完成对华数传媒、优酷土豆、华谊兄弟电影公司等多家媒体企业，总额接近 39 亿美元的投资。

腾讯借助自身庞大的用户群体，积极实施区域化媒体战略布局，实现了腾讯媒体的区域落地。从 2006 年开始腾讯分别同当地媒体合作或者自主建立大粤网、大申网、大楚网、大浙网、大渝网、大湘网、大辽网、大燕网、大成网、大秦网、大闽网和大苏网等。

微信公众平台也已成为当前第一大自媒体平台，QQ 公众号和兴趣部落正在塑造腾讯的新媒体社群平台，腾讯依靠对传媒生态的布局，有可能成为移动互联网媒体的未来霸主。腾讯的媒体战略由内而外，自内容到商业生态稳定发酵，已然形成一个初具规模的媒体帝国。

传媒行业正在经历一场全行业生态的变革，传统传媒行业的结构性调整走向深化，网络媒体也已经从专业传播的门户时代、用户参与的 Web 2.0 时代，演化到多媒共生的众媒时代，未来将是万物皆媒的时代。

互联网不但对传统媒体具有替代效应，也通过新媒体与传统媒体、媒体平台与自媒体内容创造者、多媒体内容与场景、媒体内容与社交和服务融合形成促进力，改变传媒产业的生态。

零售

传统媒体之后，被互联网改造程度最深的便是传统零售业。中国电子商务研究中心发布的《2015 年上半年中国网络零售市场监测报告》显示，2015 年上半年中国网络零售市场交易规模已达 1.6 万亿元，同比增长 48.7%；网络零售市场交易规模占到社会消费品零售总额的 11.4%，同比增长 31%。

与网络零售行业的高速增长截然相反的是，波司登、利郎、百丽、安踏等传统零售行业企业遭遇关店潮。联商网《2015 年主要连锁零售企业关店统计》的数据显示，2015 年上半年七匹狼关店 300 多家，九牧王关店 70 多家，美特斯邦威关店 200 多家，真维斯店铺缩减 200 多家，班尼路关店近 400 家。而李宁、安踏、361 度、匹克关闭门店数合计超过 3 800 家。

沃尔玛、家乐福等连锁零售巨头也陷入业绩亏损、门店调整、不断裁员的困境，沃尔玛们不是被淘宝、京东们打败，而是被一种新的商业生态革新。眼下，以互联网为代表的生产关系的革新正如火如荼，掀起一场消费关系的大解放活动，消费者的购买方式、支付工具、分享渠道都在改变！这是一个不可抗拒的趋势，即便是全球500强之首的沃尔玛也必然要为之改变。

INTERNET BUSINESS ECOSYSTEM 互联网社群电商小红书的变现逻辑

中国海淘市场从2010年起开始上了高速，2015年上半年保持同比147%的高增长率，远高于国内电商46%的平均增速。预计到2015年底，我国海淘市场规模将达2 400亿元；海淘族有望增长到2 400万人。

2013年，毛文超和瞿芳联合创办了小红书，并于当年9月及12月上线了小红书出境购物攻略、小红书购物笔记，2014年12月小红书正式上线了福利社，95%的商品会在上架2小时内卖完。目前用户超过1 500万，在2014年11月完成GGV的B轮融资。

小红书的快速成长正是由于其准确切入了跨境电商的痛点：信息不对称。通过社区内容生产打破了跨境消费商品信息的不对称，使得“国外的好东西”在社交网络中口耳相传，并与潜在用户之间建立起强纽带，上线的电商又打破了地域的限制让用户对跨境商品唾手可得。

早期被定位为海淘版知乎的小红书，最初走的是纯社区路线：以海外购物指南切入，逐渐聚起了一群会出国旅行、有购物需求，并乐于帮助别人了解购物知识的海淘族。但在2014年12月尝试电商化转型后，也取得了巨大成功。相比其他纯电商类玩家，小红书的独特优势正在于其前端的社区基因：作为一家100%的移动互联网公司，小红书很好地融合了社区和电商功能，非常自然地将社区互动、分享的关注导向了交易、购买。

小红书通过社交化的方式帮用户提供购物决策（用户的分享由一张图片和三个标签构成，能够回答海外购物中的三个关键问题：买什么，哪里买，多少钱）。小红书通过将大量分享的数据结构化，来为用户提供基于目的地、品牌、品类等多维度的购物参考信息。借助UGC、活跃的移动社交网络分享以及跨境电商的独特选品，社区电商福利社应运而生。福利社上线半年，在零广告的情况下销售额突破2亿元。2015年6月6日周年大促，小红书在App Store的排名攀升到总榜第四位，生活类榜第二位，24小时的销售额超过5月整月的销售额。

作为一家100%的移动互联网公司，小红书很好地发挥了其前端社区基因优势：在融合社区和电商功能的基础上，非常自然地将社区互动、分享的关注导向了交易、购买。其逻辑完全符合关于工具、内容、社区、电商如何变现的逻辑。

资料来源：《知乎做不到的，他做到了！社区如何转型电商?》，变革家，http://biangejia.com/archives/9857，2015-09-17。

金融

传统金融行业特别是银行业一直被视为壁垒森严的垄断行业。但是一切基于信息不对称的行业都将受到互联网的打击。互联网向传统金融行业渗透，互联网金融对阵传统金融的趋势已成定局。

传统银行的主要盈利模式是存款和贷款利差，阿里巴巴掌握了很多企业的交易数据，能够对风险予以更为精确、合理的评估，通过蓄势已久的阿里小微金融，提供小额贷款。另一方面，阿里巴巴用支付宝和余额宝来吸储，向银行传统存贷业务正面开战。

2013 年 6 月余额宝上线，仅仅用了不到 8 个月时间，用户数就达到 8 100 万户，资金规模超过 5 000 亿元，成为世界第四大货币基金。与此同时，互联网理财产品不断涌现，如百度理财与华夏基金联合推出的百发、微信的理财通等。

余额宝出现后，支付宝不再是中间工具，而是变成了资金池。业内普遍认为，由于余额宝类的货币基金产品的收益率远超出银行的活期存款，大量的居民活期储蓄正在从传统的商业银行流向互联网理财产品，尽管货币基金仍然以协议存款名义待在银行体系内，但是在让投资者获得相当于活期存款十几倍收益的同时，也推动了利率市场化的进程。

互联网带来的去中介化的低成本、大口径的交易销售平台，以及大数据的应用成为互联网金融的最大优势。互联网金融业务基本可以划分为第三方支付结算类、投资理财类和互联网融资类等，便利的移动支付模式正逐渐取代传统的银行支付方式，虚拟的网络销售平台也在威胁着传统金融产品的营销方式。对大数据的挖掘正是互联网最为宝贵的资源，可以更深入了解客户，进行个性化营销并识别风险。

在互联网金融的发展下，银行、券商和交易所等的价值传递中介作用将大大削弱，贷款、股票、债券等的发行和交易，以及券款支付直接通过互联网进行，市场信息不对称程度和交易成本将大大降低。

信息流、资金流和物流本质上就是对价值进行传递，而以往为了加快信息流、资金流和物流运转速度的传统行业，如传媒广告、银行和中间商显然分走了与其付出并不相称的较多利润。当信息流、资金流和物流在价值传递的过程中被互联网予以重构之后，互联网将真正地挑战传统产业的核心，重构商业的源头：创造价值端。

互联网对传统商业生态创造价值的重构

由于互联网信息技术的渗透，很多行业将去中间化，加速向产业链条的两端延伸。创造价值端的传统产业将会被重构的两个方向也许值得大家关注。

第一，产品购买行为可以发生在生产前的行业。

传统的制造业都是封闭式生产，由生产商决定生产何种商品。生产者与消费者的角色是割裂的。但是在未来，一切面对消费者的生产行业都有可能被重构，比如服装生产、家电制造、房地产等。

传统工业时代的产业逻辑是标准化、规模化和流水线。在规模经济时代，标准化和流水线的局限决定了规模越大，成本越低，品种越少则越好；未来这个规律很可能将是倒过来的——谁能尽可能地满足长尾末端的需求，谁在未来的盈利能力就越强，互联网经济本质上是一种长尾经济、范围经济。

当前的制造业耗费着大量的人力和物力去做一件极其困难的事情，却完全没有想到如何有效地利用互联网的力量。传统的制造业将难以为继，大规模投放广告、大规模生产的时代将宣告终结。

未来将会由顾客全程参与到生产环节当中，由用户共同决策来制造他们想要的产品——定制化，甚至反向购买。也就是说，在未来的移动互联网时代，消费者与生产者甚至消费者与销售者的界限都将模糊，而传统的经济理论将完全失去对经济活动的解释和指导作用。

INTERNET BUSINESS ECOSYSTEM

海尔互联工厂的定制 2.0 模式

通过多年在全球各大洲市场的深耕，海尔积累了丰富的产品设计经验。为了满足互联网时代用户个性化体验的需求，海尔建立起沈阳冰箱、郑州空调、佛山洗衣机和青岛热水器四大互联工厂，可同时支持 9 个平台 5 000 多个型号的柔性化大规模定制生产，并将定制需求、定制内容、定制下单、订单确定、模块定制、装配、物流、使用交互等各个关键环节实现标准化、自动化、智能化和可视化。

目前，海尔官方商城已经推出了空调、洗衣机、厨电和冰箱定制专区。据了解，用户在定制平台上选择自己的个性化需求之后，互联工厂的制造系统就会自动排产，生产个性家电。同时，海尔还将这一过程可视化，用户可以通过手机等随时查看生产进度、工位负责人、工序或是预计完成时间等，真正成为产品的设计者和生产的监督者。

过去，企业通过收集用户数据和需求反馈来设计产品，再经过用户选择后投入量产。在借助互联网时代的优势后，海尔提供最大限度的选择空间给用户自行定制，这种“家电定制 2.0”真正意义上实现了企业与用户之间的零距离交互，做到为用户个性化需求倾力服务。让用户转变成企业最有价值的“研发部”，或许才是工业大生产与个性定制化两者结合的终极奥义。

资料来源：《互联网+时代下　什么产品适宜定制化?》，中国自动化网，http：//www.ca800.com/news/d_1ntnpujgc08d2.html，2015-07-27。

第二，互联网商业模式将会进一步重构传统产业价值链。

很多互联网企业都是以免费的产品或者服务吸引用户，然后为不同的用户需求开发新的产品或服务，在此基础上构建商业模式。比如 360 安全卫士、QQ 等。互联网颠覆传统企业的常用方式就是在传统企业用来赚钱的领域免费，从而抢夺传统企业的用户市场，然后再利用延伸价值链或增值服务来实现盈利。

两年前，中国移动并不会想到，打败它的不是中国联通，也不是中国电信，而是微信。而电视机制造商怎么也想不明白，怎么才能生产出一台 40 寸超大屏幕电视机，只卖 1 999 元还有钱赚？小米做到了，小米电视可以按照制造成本清单（bill of material，BOM）的价格卖，完全不考虑利润。小米赚钱的地方不在于产品，而在于粉丝社群的价值变现，产品成为连接用户的载体。

移动互联网这一全新时代的迅速到来让连接一词有了更深的含义，在这个时代，产品不仅需要连接人与信息、人与商品、人与人，还需要基于用户的场景和现时需求提供后续的服务，帮助用户完成基于需求的全流程闭环服务或解决方案。企业与消费者的关系从原来的买卖关系转变为服务关系，所有的传统企业都要向服务商转型。

互联网生态型企业的进化

苹果的生态体系

苹果是拥有硬件、软件和操作系统全部产品体系的公司，苹果以自有设备为核心的方式让苹果利用硬件的控制优势，结合自有软件平台发展自己的生态链，拥有了对手无法复制和渗透的强大竞争优势。

苹果不只是靠软件盈利，利用软件免费的模式一方面能促进设备的销售和普及，增加营业收入同时强化生态链；另一方面还能扩大用户数，增强网络效应。

iPhone起初只能在iTunes Store下载音乐和视频，但在2008年7月，苹果推出了革命性的App Store，iPhone用户可以通过它来购买游戏和应用。App Store产生的收入由苹果和应用开发者三七分成。App Store补齐了苹果生态链中的应用与服务短板，加上2010年iPad发布时推出的iBook Store，苹果成功地形成一个由音乐、视频、图书、游戏和应用构成的内容系统。

2014年苹果iTunes、软件和服务业务营业额已达到约300亿美元，这个数字超过83%的标准普尔500指数公司，超过脸书、Twitter、雅虎、LinkedIn和网飞五大互联网巨头营收总和，而软件只是苹果整个利润体系的一部分。

苹果领导构建了移动互联网的基础生态系统——一个由应用开发者、用户、操作系统提供者、硬件厂商、运营商共同打造的生态。

苹果将硬件、软件、服务予以高度集成，这种严格控制的生态系统使得苹果可以从长远、全局的角度优化并执行其战略，有利于快速创新、大规模推广。苹果封闭源代码、开放API的操作系统，可以有效防范盗版和恶意软件，构建了一个安全、稳定、优质的移动互联网生态圈，为苹果开放API接口或进行跨界合作奠定了基础。

苹果围绕硬件、软件、服务构建的生态系统在各个领域都有很大的创新和成长空间。例如，硬件包括64位CPU，指纹识别，新传感器，品类扩张的Apple Watch；软件服务包括iCloud，HomeKit，HealthKit，Apple Pay等。

2015 年苹果公司披露，iOS 活跃用户已经突破 7 亿，随着 iPhone6s 及 iPhone6s Plus 的推出，更多的用户将被导入 iOS 生态系统。这一具有深度服务及高度黏性的生态系统很快将会迎接超过 10 亿的用户规模（见图 2—1）。

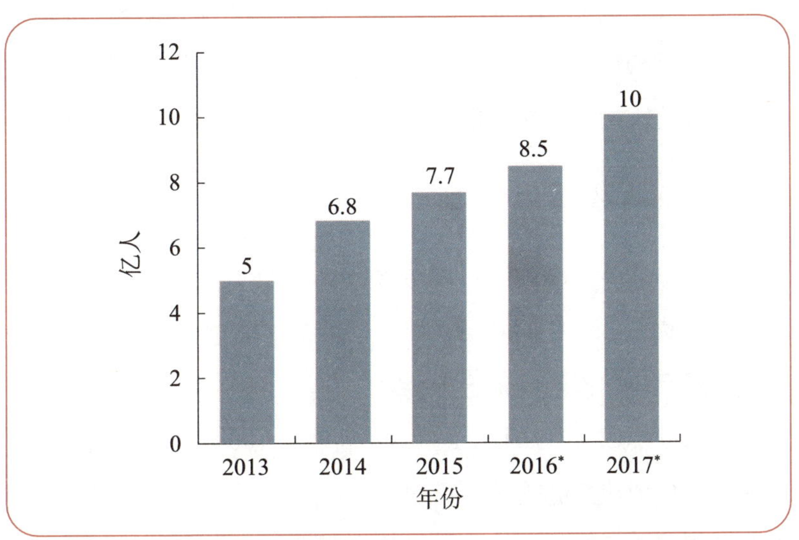

图 2—1　2013—2017 年 iOS 活跃用户量数据

＊预测数据。

评价任何一个生态系统的价值，除了用户规模及黏性，货币化的可能性也是一个重要指标。苹果近 8 亿个 iOS 个人账户中大部分都绑定了信用卡并通过了用户身份认证。对比之下，电商巨头亚马逊目前所拥有的账户数是 2.24 亿；全球知名支付公司 PayPal 用户数才 1 亿。

随着苹果对不同智能设备品种的扩张（如 Apple Watch）、对原有设备（包括 iPhone、iPad 及 Mac）多项新兴应用的扩展（如 Apple Pay），以及智能电视 iTV、智能汽车 CarPlay、智能耳机、智能音响等的推出，将会有越来越多的用户加入到苹果生态圈，也将会吸引更多优秀的应用提供商进入。例如阿里巴巴旗下的金融服务部和苹果的 Apple Pay 已经达成了后端服务合作的协议。届时一个规模庞大且高度活跃的生态体系将迎来多个不同货币化节点，而这一生态系统的价值将被进一步挖掘。

小米的生态进化

2014 年末，小米完成了第 5 轮融资（11 亿美元），估值达到了 450 亿美元。这意味着小米仅次于估值 510 亿美元的优步，成为全球最具投资价值的未上市公司之一。

小米从 2013 年 8 月第 4 轮融资后估值 100 亿美元暴涨至第 5 轮融资后估值 450 亿美元，只间隔了不到 16 个月时间。是什么使得这家仅成立 5 年的企业，成长为中国风投机构眼中最具投资价值的聚宝盆？

“生态”两个字无疑是重要答案。

实际上雷军在 2010 年创立小米之初，也并未预想到小米能成长为一家即将步入 1 000 亿美元级别的公司。以小米成立之初“硬件＋软件＋互联网”的“三驾马车”模式来看，小米定位为一家专注于智能产品自主研发的移动互联网公司，也就是避免成为一家纯硬件公司或者移动应用公司，努力发展为一家硬软结合的平台型公司。

不过在阿里巴巴围绕“电商＋生态”投资众多企业，并在2014 年 9 月上市后市值最高达 2 100 亿美元，腾讯同时也依靠微信进行“社交＋生态”系统布局，投资或并购了 100 多家公司，几乎涉猎所有互联网和移动互联网服务后，雷军系也把握趋势，开始围绕小米生态布局连续进行多轮投资。

小米围绕生态布局所做的重要投资方向，一方面是围绕小米手机的软硬件生态整合；另一方面则是依托小米手机的粉丝社群生态的商业延伸，实现社群的价值转化。其中在硬件上最重要的部署是 12.66 亿元战略投资美的集团，为小米产品生态链打下基础，其他的投资则包括华米科技、Misfit、云柚科技、iHealth 等智能硬件，LBE、金山云等大数据云存储；同时补充内容服务的短板，包括爱奇艺、优酷土豆、迅雷等投资就是重点围绕内容生态进行布局。

2014 年小米先后投资或收购了爱奇艺（3 亿美元）、优酷土豆、界面、猎豹移动、积木盒子、九安医疗、迅雷（3.1 亿美元）、美的（12.66 亿元）等近 40 家企业，投资额高达 32 亿美元。除了小米自家的手机、电视机、路由器产品，小米在 2015 年加大了对生态链的投入，布局包括华米（智能手环）、智米（空气净化器）、紫米（移动电源）、赛格威（平衡车）等多个硬件产品。2014 年小米系投资布局如图 2—2 所示。

而在此之前，雷军系所属旗下天使投资、顺为基金以及小米风投，两年来已投资企业超过 60 个，涉及手游、电商、新媒体、智能家居、智能家电、互联网金融、影视制作、视频网站、移动

地图、移动家政、移动教育等众多领域。业务上也从此前的手机、数码扩展到智能家居、金融教育等多个领域，初步构建起一

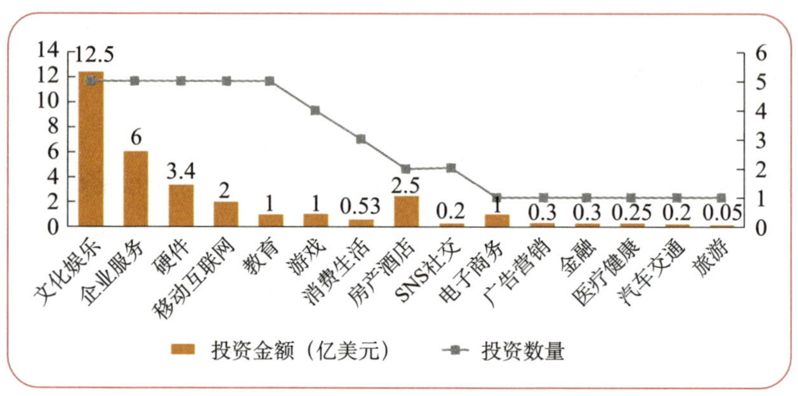

图 2—2 2014 年小米系投资布局

资料来源：IT 桔子。

个"硬件+软件+内容+社群"的移动互联网生态系统。未来小米构建的生态系统将是以多个硬件领域培养强势的子品牌（生态链公司），垂直延伸形成新型的硬件平台，通过小米商店、小米社群发展而来的内容平台，内容、硬件和小米社群全面打通，从而形成完整的生态。

2015 年天猫"双 11"创造了 912 亿元的成交额，其中小米天猫旗舰店的销售额就贡献了 12.54 亿元，成功加冕天猫"双 11"全品类单店第一，手机销量第一，蝉联三连冠，并豪夺天猫"双 11"9 项第一，包括手机品类单品第一、平板电脑品类单品第一、智能设备品类单品第一等。3C 数码配件、影音电器、平板电脑、智能设备以及网络设备五大品类中，小米均保持了单店支

付金额第一。此次小米生态链产品也拿下多项第一，其中小米手环光感版成为智能设备品类单品第一，并携手小米插线板、小蚁智能摄像机、小米体重秤三款小米生态链产品一起包揽天猫“双11”全网智能设备品类单品前四，再次验证了小米模式在生态链战略上的不断成功，小米全品类产品梯级发展生态模式正在成为新的商业标杆。

按照互联网上市公司实际市值与投资行业规则，产品型公司估值一般在10亿美元规模，平台型公司（如奇虎360）在100亿美元规模，而生态型公司（如腾讯、阿里巴巴）则在1 000亿美元规模。

阿里巴巴所构建的是从电商平台向生活一体化进化的互联网生态系统，腾讯所构建的是从社交平台向生活一体化进化的互联网生态系统，小米系所构建的则是从系统级别整合“硬件＋软件＋内容＋社群”向生活一体化进化的移动互联网生态系统。而正是这一概念，将小米的估值拉升至450亿美元。按照目前私募股权投资追求3～5倍的投资回报预估，小米未来成长预判峰值在1 300亿～2 000亿美元，小米将会是下一个阿里巴巴。

互联网企业的三类进化层级

当当和京东2010年的那一场口水战和价格战至今仍让人记忆犹新。当时，当当网拿出4 000万元优惠，而京东则砸出8 000万元进行图书促销。李国庆放话说“看谁送书比我快”，刘强东则回应“这场价格战你打不起”。

当当李国庆吐槽京东烧钱亏损论，认为其将会因为资金链断裂而死亡。事实上，当当现在的市值比上市之初已蒸发了大半，在10亿美元级别就上不去了；而京东每年的增长率均保持在1倍以上，市值一度突破500亿美元。

当当的没落是因为它只是一个产品型的图书垂直电商，而京东则进化成了平台型公司，所以京东迅速超过100亿美元市值，开始冲击1 000亿美元。一开始当当以为京东和自己的区别只是销售额的高低，却不知道两个公司根本不在一个维度，当当是垂直电商的产品型公司，而京东则是平台型电商公司。

产品型、平台型、生态型这三种类型的公司代表着目前互联网公司的进化层级，从数量上看，三种类型的公司数量呈金字塔结构，产品型公司数量最多，98%的互联网公司属于产品型，如陌陌、赶集网等市值大多集中在10亿美元级别；平台型公司数量比较少，如京东、奇虎360等市值集中在100亿美元级别；生态型公司放眼全球也没有几个，如苹果，市值已超过7 000亿美元，比微软、谷歌、脸书和亚马逊四家互联网公司市值的总和还要多。

这三种类型的公司分别是以产品思维、平台思维和生态思维为基础的。无论是传统商业思维相对于互联网思维，还是在某一具体商业体系中的产品思维相对于生态思维，前者都是低维的，后者都是高维的，高维代表着更先进的生产力。

构建互联网生态的三大规律

互联网从本质上说，解决了信息不对称的问题和连接与沟通的问题，换句话说就是，互联网的出现和普及，彻底改变了传统行业跨地域、跨时间、跨行业无法连接、沟通的彼此隔绝的状态。因此极大地释放了企业在产业链上各个环节的效率，互联网带来的变化在于沟通效率的极速提升。这种提升以消除中间环节的方式，重构商业价值链。那些拒绝参与重构的企业将可能面临被市场淘汰的命运；而那些积极参与重构的企业，所面临的问题则是如何去构建一个“新生态”。

互联网是如何一步一步通过跨界的信息连接与沟通来改变传统行业运营模式的，其中又有什么规律？

跨界从边缘入手

当互联网企业跨界进入某个传统行业的时候，通常都不是从核心业务端切入，而是从非核心业务端，即从该行业的边缘而不是中心进入。

以出租车行业为例。滴滴快车、优步等移动打车软件刚进入出租车市场的时候，从表面上看其所做的业务只是协助打车，即在乘客与出租司机之间完成信息连接的工作，以解决市场需求信息不对称的问题。

滴滴快车、优步通过提供免费服务，向乘客和司机实行双向补贴的方式顺利切入出租车市场，一时之间吸引了无数乘客与出租车司机。这种服务，除了对出租车公司的电话调度业务造成负面影响，无论对于乘客、出租车司机，还是出租车公司来说都是有利的。

互联网金融的发展也是如此。支付宝的初期业务只是为电子商务提供线上支付服务，弥补商业银行不感兴趣的网银支付；即便是热火朝天的 P2P 和众筹，也都是面向小额的个体投资者，与现有金融机构的核心业务及主流顾客群保持距离；相反，它们的出现，至少在当前解决了现有金融机构不太重视而又不得不做的部分业务。

互联网企业首先选择那些补充性而非核心业务进入，可以减少行业原有企业，尤其是龙头企业的抵制；而许多互补型服务还能获得传统企业的配合。而且，从事非核心业务可以规避行业政策的管制（如金融行业、出租车行业）。边缘进入也有利于互联网企业在新的市场环境下迅速站稳脚跟，毕竟它们对这些行业中技术含量高的核心业务运作不熟悉，也缺乏品牌认知。

选择高频交互、强需求的产品或服务为突破口

只有找到用户的刚需和痛点，才能通过解决刚需和痛点的产品或服务积累用户，实现用户连接和黏性，在此基础上构建商业模式。

支付宝通过第三方支付这个使用高频、强需求的服务，连接银行、商家与消费者，凭借拥有的虚拟账户和海量支付信息，支

付宝越过中国银联的转接清算而直接连接银行卡发卡银行，未来支付宝很有可能成为中国最大的数据供应商和分析中心。

贴近用户，甚至千方百计成为入口，按现在的说法是“得用户者得天下”、“得入口者得天下”，这也是互联网企业抢夺传统行业市场的理想突破口。

未来的互联网产品，将是在数据基础上做产品的管理和挖掘。可以对客户推送信息，了解需求，进行互动；然后将需求反馈回来，后台再进行模块化的优化。将互联网连接的价值发挥得更加极致，把消费者当成价值链中的重要一环参与进来，就有可能实现颠覆商业模式，从卖产品发展到卖平台，分取生态链的利益。

实现从产品、平台到生态的进化

许多人认为，互联网的一大趋势是去中介化，其实这即使不算误解，也是一种偏见。互联网确实摧毁了一大批传统中介，但同时又培育了一批更有市场势力的平台中介，而且这些平台将在未来的产业转型升级、企业创新发展中发挥更加重要的引领作用。互联网介入传统行业后形成的许多新型商业模式，无论是电子商务、搜索引擎，还是众筹、在线教育，本质上都是中介。

天猫与沃尔玛的区别在哪里？互联网银行与商业银行的区别又在哪里？它们的区别绝不仅仅是线上和线下、虚拟与实体，它们之间最根本、更重要的是在商业运作模式上的差异，每组中前者都是开放式的互联网平台/生态模式，后者则是封闭式的传统产品/服务模式。

阿里巴巴淘宝/天猫的最大成功在于它的平台价值。阿里巴巴自身既不制造也不采购，通过搭建一个第三方交易平台，使得商家连接用户的渠道更短，成本更低，由于其开放性，在它的平台上能买到几乎所有的商品，因此吸引了十几亿的消费者；而正因为有如此庞大规模的消费者群体，反过来又吸引了数千万商家在这个平台上开店。平台所具有的这种让两群或更多群用户彼此相互吸引，客观上为对方创造价值的特性就形成其最大的竞争优势。

传统行业大多呈现链状结构，从上游到下游，产品或服务不断增值，最终为用户所接受。而平台/生态模式打破了传统行业的价值链结构，重构了传递价值和创造价值。一个平台的基础是大数据一定要大，才会释放出它的价值，用户数量 1 亿和 100 万的平台价值完全不同。成功的互联网平台/生态能叠加、衍生出更多产品或服务的价值，成为产业中商业生态的中心。平台/生态模式所具有的结构优势是众多互联网企业得以迅速崛起，挑战甚至战胜原有传统行业的重要原因。

移动互联网给传统行业带来的不是颠覆，而是融合。即使如零售业这样最早开始“互联网＋”的行业，电子商务也仅占社会消费品零售总额的 10%；而目前传统企业与互联网企业的融合也在不断发生，正如阿里巴巴与苏宁，乐视、360 与酷派，美的与小米的合作一样，未来互联网生态与传统行业生态的交融，将是移动互联网生态的核心。传统行业需要认真思考的是如何在移动互联网下进行跨界与资源整合，重塑商业模式！

INTERNET BUSINESS

ECOSYSTEM

Refactoring Business Rules

第三章
互联网社交生态

德国知名社会学家腾尼斯在其《共同体与社会》一书中指出，共同体是建立在自然基础之上的群体，是人类的本能或者习惯的制约。血缘共同体、地域共同体、宗教共同体是共同体的基本形式。但是，共同体不仅是各个部分加起来的总和，而且是有机地浑然生长在一起的整体。

而社会是一种带有目的性的联合共同体。现代社会由各种组织或团体组成，个体以利益关系连接起来，以共生共享的方式生活在一起，但是由于地域与技术的限制，个体之间的连接基本上是间断的。

进入互联网特别是移动互联网时代，通过网络信息技术人与人随时随地的连接变成可能，网络社区和社群逐渐形成，人们因为某个共同话题、某个共同兴趣聚集起来，寻找同类，寻找身份认同和归属感。

随着移动社交的兴起，我们可以随时随地关注人们之间的社交关系，而这种人与人之间的社交关系的构建，也在创造着意想不到的商业价值。就社交的本质而言，就是分享（个人价值）和共享（价值交换），这也是移动互联网时代的社交本质。

从整个人类历史发展进程来看，在原始社会中，人们所赖以生存的是一个基于充分分享、物物交换的社会机制。而在人类进化的第二个阶段，社会机制是在私有产权的基础上产生的，也就是基于专有主义的社会经济体制。

而进入到当前的移动互联网阶段，开放、分享的精神将再次复苏，人们越来越乐于分享，向他人显示情感情绪、个人技能、人脉等。人们逐渐地通过彼此的社交关系连接，来建立一种共同的社会义务和行为准则。从这个意义上讲，人们是通过分享自我来表达自己的生存状态，展现自己的价值，移动互联网时代的社交关系就是在这样的社会心理基础上建立起来的。

四类社交关系的演进

伴随着移动互联网的发展，将会存在哪些社交关系模式？社交关系又将会如何演进？

个人关系链和社群，是社交网络中最为常见的两种形态。如果将这两种形态设想为社交网络中的两个典型场景，就是好友和群/部落。反映在社交产品上，一种是如微信、微博这种以用户个体为核心展开各种社交行为的产品；一种是如豆瓣、贴吧这种以圈子、话题为核心展开，基于话题、圈子获取信息，找到感兴趣的人或事，从而更好地扩大生活圈的产品，也称为垂直社交产品。

以关系强与弱和虚拟与现实为维度，可以分出四类社交关系。第一类是熟人在虚拟网络空间的社交，第二类是陌生人在虚拟网络空间的社交，第三类是陌生人在现实中的社交，第四类是熟人在现实中的社交。

在第一类，也就是基于熟人关系链的虚拟网络空间中，已经可以看到许许多多的成熟模式。比如通过脸书、人人网、QQ、微信等这样的社交网站和社交 App，我们不断更新自己当前的状态，同时分享朋友、同事、亲人的社交信息，这是互联网社交产品中典型的熟人关系链交互的方式。

甚至许多时候，还有许多互联网产品或应用有助于我们进一步增强熟人之间的关系，比如 QQ 空间风靡一时的抢车位、偷菜游戏，微信的打飞机游戏等，这些都是典型的基于增强熟人网络、基于增强关系链的兴趣分享式的互联网应用。

从下一步发展来看，基于熟人网络强关系链的虚拟空间的商业价值开发，仍然具有非常看好的前景。比如在熟人之间几乎可以实时把自己的体验内容，与自己的好朋友进行分享。此外，基于熟人社交圈的 H5 游戏的发展，也将是一个非常重要的方向。人们一方面通过游戏来满足自己的娱乐需求，更重要的是通过这种娱乐方式来增强熟人网络，也就是通过强关系链中的关系强度，来表达自己对于朋友、亲人的关爱。

INTERNET BUSINESS ECOSYSTEM 微商：风口中的熟人社交电商

微商最早是以朋友圈海外代购的形式发展起来的，2013 年左右，非常具有商业眼光的淘宝小店主发现了商机，那时微信在技术上还没有好友 5 000 人的上限限制，也没有每天加好友数量的限制。当时经营微商的人主要以海外代购为主，再通过口碑传播，逐渐建立圈子经济（见图 3—1）。尝到甜头的微商们逐渐开始组建团队，招募分销代理，这种依托熟人信任关系建立起来的生意在 2014 年达到了顶峰，微商面膜品牌俏十岁分销商多达 200 万个，一年销售额达到 4 亿元。

图 3—1　微商朋友圈代购

然而，朋友圈炫富式的造假刷屏、信任体系不完善、传销式分级压货模式、品牌价格体系混乱等问题导致微商的爆炸式发展在 2015 年下半年戛然而止，而未来的微商也将趋向于构建标准化的微商平台产品、微商信托平台、微商货品流通体系、微商游戏规则（包括微商类型、规模、分润标准）、微商生态圈。

第二类是基于陌生人弱关系链、在虚拟网络空间中的社交关系。这类模式比较典型的就是微博，以新浪微博为例，近 6 亿注册用户中，大部分的草根微博博主成为明星微博博主的粉丝，形成一个非常庞大的追随群体。人们会因为对于某个人或是某个话

题的关注，而迅速走到一起。再比如 BBS，直到现在仍然非常具有生命力的，像天涯、猫扑这样的大型 BBS 社区，人们可以在不同的版块中按照不同的兴趣自动地进行分群，与陌生人进行信息交换。

从社交关系的发展来看，弱关系链在虚拟空间的演进，与强关系链在虚拟空间的演进存在非常大的区别。因为人们不大会关注陌生人的情感变化，人们真正具有需求的是由于弱关系链带来的人际范围的拓展，以及通过弱关系链进行的价值交换。

人们在经过需求细分和兴趣聚焦之后，往往可以进一步实现在价值方面的交换。比如，人们可以在一个弱关系链中相互推荐一些商品或者进行二手货品的买卖，而这种交易，尽管是弱关系链但也具有一定的关系作为基础，在关系强度上又强于两个完全的陌生人。

因此，一方面一些虚拟空间中的弱关系链将逐步发展电子商务方面的交易需求，而另一方面电子商务企业也会进一步加强在虚拟空间中社交关系上的布局。阿里巴巴投资 Tango（Tango 是一款于 2009 年上线的美国移动聊天和通话软件，阿里巴巴投资 2.8 亿美元获得 20%的股份）就是这样一个趋势的典型代表。

INTERNET BUSINESS ECOSYSTEM 美柚与陌陌：以“需求社交”突破“熟人社交”

美柚，一个主打女性经期管理的移动互联网产品，2015 年 7 月注册用户已超过 1 亿，日活跃用户超过 500 万。美柚从女性经期管理工具产品入手聚合用户，然后围绕经期健康，又扩张了丰胸、减肥、母婴等典型女性用户的社区产品，加强了用户黏度和活跃度。

美柚从2014年下半年开始和阿里百川平台合作，试水产品内的商品推荐。2015年4月，正式启动电商商业化，除了开设特卖的频道入口，社区也新增了购物圈，用于购物讨论与产品推荐。目前美柚已和2 000多家服饰、家居、母婴、食品等女性生活服务商达成了合作。除了特卖导购，美柚还开放了包括首页feeds、社区置顶轮播图、社区置顶帖、圈子banner条等广告流量位，将通过与品牌商合作的方式赚取广告利润。

陌陌，一个以“约炮”或者说周边陌生人交友为主的产品，2014年9月注册用户达1.8亿多，月活跃用户6 000多万，其中有200多万会员用户。从“约炮”工具入手聚合用户，然后加入会员增值服务、在线游戏，以及周边餐饮、运动等生活服务，接下来大概就是和生活服务类的电商深度整合了。

在最新的商业化转型中，陌陌开始尝试O2O，推出到店通业务，借力于投资者阿里巴巴，陌陌也在逐渐向电商和O2O方向、移动营销等方面转变。

第三类，也就是面向陌生人网络弱关系链在现实中的发展的社交关系。在这个类别中，社交关系的演进表现在几个方面。一个方面就是所谓的弹性社交。人们通过在虚拟空间中对某一个虚拟主题的关注，可以转化为现实中的社交关系。比如陌生人在现

实世界中，通过微信摇一摇可以快速交换名片和互加好友；此外还可以借助智能手机的定位能力，通过微信或者陌陌搜索附近的人，通过与之打招呼互加好友，开始线下的正式交往。

尽管人们很难在弱关系链中，构筑起类似于强关系链中的彼此情感关怀，但是弱关系链可以帮助人们在分享的同时，获得更多的社交关系圈拓宽机会。

还有一个方面是基于弱关系链陌生人交互网络在虚拟时空中的应用，也就是人们利用弱关系链来进行线下的基于人脉关系的价值交换。

这种社交类别模式的意义在于，一方面弱关系链使一个人可以将分享的范围大大扩展，另一方面弱关系链终究在现实中要稍强于完全的陌生人，因此基于弱关系链形成的交互行为，同样也能够实现价值交换。

基于弱关系链，人们的信任关系比完全陌生人的信任是有明显增强的，比如大众点评网、口碑网等商业模式，就是完全基于陌生人的推介。而基于弱关系链的口碑推介，则会使这种推介的可信度大大增加。这种弱关系链也可生成人脉运用，更重要的是可以利用这种弱关系链进行一些社会任务的众包。

INTERNET BUSINESS ECOSYSTEM 优步众包模式引爆“分享经济”

提到众包，就不得不提及最近在国内大热的优步，因为其本质上就是一款基于众包模式的打车应用软件。优步提供了一个平台，将用户的乘车需求众包给可以成为“司机”的用户，对于这些“司机”来说，工作时间灵活，还能赚外快。

优步一经问世，便受到人们的欢迎。数据显示，2015 年初最近一轮融资后，优步估值达 400 亿美元，其引爆的众包模式也成为众多互联网公司的“杀手武器”。

京东发动小区大妈做 O2O 生鲜配送，而饿了么的众包物流蜂鸟配送，号称要找 10 万人兼职送外卖。

而优步自身也没闲着，除了一键叫直升机及一键叫首席执行官活动，还与顺丰速运跨界合作，在深圳为优步用户提供顺丰次晨达服务，用户可通过优步呼叫该服务，附近的优步司机即可上门收件，并将快件送到网点。

对于传统商业模式来说，优步最大的颠覆就是将一种全新的“分享经济”模式带到了各领域，去中介化的“分享经济”把需求端和供给端有效整合，资源得到了更高效的利用，从而迎来更长期的供给，于是各企业纷纷争做“X 领域”或“Y 领域”的优步。

众包模式满足了大众认知盈余的心理需求，即大众在可自由支配的碎片化时间内，发挥自己的才智进行“盈余性”社会创造——众包让大众实现了自我。

资料来源：《众包亮相世界移动大会　微差事定义未来劳动力》，IT 世界网，http://www.it.com.cn/edu/softhotnews/technews/2015072216/1193600.html，2015-07-22。

第四类，也就是熟人网络和强关系链在现实中的社交关系。

这个社交类别实际是相对狭小的，表现为圈子型的小众社交关系。但它的主要价值表现为媒体化价值，例如由于孩子的原因形成的幼儿园家长群、中小学家长群。事实上这类基于熟人关系链的社交关系目前在社交金融领域衍生出的金融价值也是十分值得期待的，如 P2P 出现的熟人借贷模式。

INTERNET BUSINESS ECOSYSTEM P2P 现熟人借贷模式，社交金融能走多远

除了借贷宝，支付宝、熟信等互联网金融平台也开始涉足熟人借贷 P2P，借贷模式主要有匿名和实名两种。总体看，这些平台均是试图通过网络的熟人关系实现直接、小额的金融信贷交易。

借贷宝和熟信的特点是“匿名”。借贷宝主打熟人“单向匿名”借贷——借款人实名、出借人匿名，即用户 a 在朋友中发起借款，朋友可以看到是 a 在借钱，b 决定借给 a，但是 a 并不知道是 b 出的钱。

熟信的特点是既能“单向匿名”，也能“双向匿名”。在双向匿名模式下，出借人可以看到一个名单，借款人是其中之一，但出借人无法确定究竟是谁发起了借钱请求。

与上述两个平台不同，支付宝的熟人借贷是“双向实名”。2015 年 7 月发布的支付宝 9.0 版本悄然上线“借条”功能，点开“朋友”一项才能看到，相当隐蔽。在选择对朋友发送的内容时，用户可以点击“借条”一项，写明借款金额、期限、利息等，48

小时之后如出借人不回应，借条请求自动消失。

业内人士认为，熟人关系并非信贷的“安全屏障”，风险依然存在。此外，2015 年 7 月 18 日《关于促进互联网金融健康发展的指导意见》出台后，有关网贷行业的监管细则也将落地，熟人借贷高利率模式的合规性有待考验。

资料来源：《P2P 现熟人借贷模式　社交金融能走多远》，光明网，http://tech.gmw.cn/newspaper/2015-09/16/content_109235662.htm，2015-09-16。

社交关系的价值实际上建立在分享经济基础上，分享经济的模式在虚拟网络世界中逐渐延伸，最终将影响到整个现实社会。借助互联网特别是移动互联网技术，人和人、人和设备实现快速连接，个体能量得到最大限度的释放，群体智慧变得更具竞争力。移动互联网正在构筑一个复杂、庞大的生态系统，催生出形形色色的经济形式。分享经济、粉丝经济以及社群经济的出现，已成为驱动经济发展的强大推力。

社交平台的商业化价值

全球性的社交营销代理机构 We Are Social 最新的互联网、社交和移动报告关键数据显示，截至 2015 年 8 月中国活跃的互联网用户数为 6.68 亿，年增幅 6%；活跃的社交媒体用户数为 6.59 亿，超过了美国和欧洲总和；移动设备用户数为 6.75 亿，移动网民数为 5.94 亿，占中国网民的 89%；移动社交媒体用户数为

5.74 亿，年增幅 15%。具体如图 3—2 所示。

图 3—2　截至 2015 年 8 月中国互联网、社交媒体用户数据

资料来源：We Are Social.

中国社交媒体用户数量的增速比 2014 年预计的放缓，但是主要是由于行为的变化，而不是对社交媒体失去了兴趣。中国社交媒体使用量已经处于高水平，数据显示 99%的中国网民使用社交网络。

单独社交平台用户数据显示出更有趣的趋势。QQ 是腾讯最受欢迎的社交服务应用，是中国月活跃用户水平最高的，虽然主要用户群在中国境内，但 QQ 是全球第二大社交应用，仅次于脸书。

现在相比微信，更多人使用移动设备登录 QQ，但是微信能为个人用户和企业提供更多样的服务和功能。

87%的中国社交媒体用户使用移动设备访问社交媒体，像微信这样的平台推动社交媒体用户在过去一年增长 7 700 万，年增幅 15%，相当于每天新增用户 20 万。

2015 年 8 月 6 日，在首届中国互联网移动社群大会上，腾讯 QQ 联合企鹅智酷发布了《中国移动社群生态报告》，通过腾讯 QQ 独家大数据及海量网民调研，用数据揭秘群社交，全面勾勒出国内移动社群生态现状。报告指出，在移动、开放、社交、连接成为行业主流语境的当下，社群已进入“连接一切”的时代。

研究显示，移动端 QQ 群活跃用户数高速增长，从 2013 年 1 月至 2015 年 6 月，月活跃用户的年复合增长率为 72%，手机 QQ 群消息量的复合年均增长率为 71%。社群的移动化趋势十分明显。

凭借多元化社交和场景的丰富化，移动社群建立了自己特有的生态：同事朋友类关系群占比超三成，而兴趣群占比高达 66.4%——在手机 QQ 兴趣部落中，游戏类兴趣部落聚集的粉丝和访问量都居首位，明星类居第二位。

具体来讲，有三类细分社群占据主流。(1) 办公类社群：每日 1 000 万用户使用群文件，每日有 50 万个视频会议；(2) 明星类社群：前三甲是 TFBOYS、EXO、李易峰，TFBOYS 社群粉丝数超过 2 000 万；(3) 游戏类社群：手游市场规模越大，游戏类 QQ 群和部落活跃度也越高，腾讯部分手游对应群数量一年内翻番。

移动社群黄金时代，用户在信息沟通互动上，一对一、一对多实时同步或异步和多人实时同步或异步，让这个生态中的信息流丰富而复杂。而在场景上，像 QQ 群这样的社群，具有天然的垂直属性，妈妈、游戏、同学、行业、运动、办公等被打上各类标签和关键词的同好或兴趣让用户聚集在一起，驱动移动社群的井喷与爆发。

INTERNET BUSINESS ECOSYSTEM 腾讯利用大数据推广电影《小时代》

根据QQ空间2014年暑期发布的《90后观影报告》，因为杨幂、郭碧婷、柯震东、凤小岳等一票俊男靓女，《小时代》成为热度第一的电影。

腾讯QQ空间团队通过大数据分析，发现小时代的讨论数据量很大，QQ空间的90后恰好也是《小时代》的观影人群。在电影《小时代》推广操作中也是通过大数据分析来确定信息向谁推送从而避免打扰。假如大数据分析你是一名90后，那么官方的内容、活动便会向你推荐；假如你是一名70后大叔，系统判定你与《小时代》无缘，因此就不会向你推送相关信息。在《小时代4》发布时，全球超过480万粉丝通过QQ空间收看了该直播见面会。同时在手机QQ主题房间中，15万网友产生了130万余条消息。

由此可见，社交生态基础包含三个要素：价值观、价值、兴趣。也就是你认可什么，你需要什么，你关注什么。实现的方式是大数据。

社交平台将采用大数据工具与运营规则解决营销推广的如下四个关键问题。

人群选择：信息推荐给谁

之前在电影圈，一直有个笑谈，那就是：张艺谋的电影是天涯，品种杂且水平不一；姜文的电影是知乎，展现精英知识分子的高贵逼格；冯小刚的电影是微博，内容完全为了满足市场需求；宁浩的电影是帝吧，充满屌丝的内涵和智慧；韩寒的电影是豆瓣，全是中年男人的沧桑与文艺；郭敬明的《小时代》是QQ空间，90后的世界你不懂。

发布方式：用什么样的方式去呈现信息

信息不一定要用广告、资讯来发布，活动、调查、游戏都可以成为发布的好方式。

QQ空间在推广《小时代》时首次使用了feeds视频广告（社交媒体中好友发布的消息之间插入的一种广告形式），《小时代4》本身是个话题电影，而且是个“赴10年之约”的情怀电影，以feeds视频作为载体，天然具有优势。

一则视频，如果只是信息推送，那就是广告；如果可以留言评论，那就是互动。互动之后还可以和其他用户形成一个新的内容传播圈，让用户参与到内容中来，形成内容的二次加工。QQ空间平均的用户关系链为1∶133，即平均一个用户发布的消息可以影响到133个好友，这种圈子其实交流性更充分。这或许正是QQ空间、微信这种个性化的产品，相比微博更适合营销的地方。

场景选择：该用户是否具有推送信息所对应的使用场景

除了精准度与二次社交引爆，feeds视频广告还有一个特点，那就是融入用户使用场景，简洁而没有违和感。QQ空间此次推出的 feeds 视频广告是放在用户动态信息的第三条，而不是在侧边栏或置顶 banner 等传统广告位，与用户产生的内容很像，这也是社交平台 feeds 视频广告的独特魅力所在。

传播手法：如何整合资源让传播价值更大

QQ 空间如果只给《小时代》做广告，那么能拿到 1 元钱；QQ 空间通过挖掘出精准用户，除了投放广告还可能实现转化，那么能拿到 10 元钱；在上述基础上，对媒体进行整合营销，实现社交媒体包装与传播，那么大约能拿到 100 元钱。从实现方式来看，不同的形式会带来不同的结果，经验数据告诉我们：广告模式∶大数据方式∶生态运营者 =1∶10∶100!

由此可见，商业社交生态的核心基础不外乎大数据应用技术、生态运营能力、组织管理能力。

资料来源：《社交媒体生态里的小时代》，艾瑞网，http：//column. iresearch. cn/b/201507/735648. shtml，2015－07－16。

互联网社交生态的进化

移动互联网时代，社交将不再局限于时间和空间，社交会朝着两方面发展：一是基于需求的开放社交；二是基于关系的私密社交。

移动互联网时代的无界限交流，使得人们有了一个更加广阔的交流平台。每个持有智能终端设备的人都可以通过“摇一摇”或者查找“附近的人”获得周围陌生人的信息，并发出交友请求，这使得原来局限于熟人和地域的社交，扩展到所有人和全世界，这种开放式社交更容易形成基于兴趣、需求的社群。

由于开放社交缺乏信任感，因此每个人会从这种大的社交关系中抽离出一个比较私密的小群体，这个群体的信任度更高、联系更密切，这就是基于关系形成的社群。

社群与社群生态

什么是社群？简而言之，就是在某一相同地理或者虚拟区域中，对某一兴趣爱好相互交流和分享，从陌生到熟悉，通过举行各种相关的有意义的活动召集成员共同参与，并逐渐建立彼此之间的人际关系，获得区域中的归属感以及各自之间相互的认同感，从而组成的社交群体。

在 PC 互联网时代也有社群，但更主要的形态是社区，而不是社群，比如天涯社区、百度贴吧等。在 PC 时代，互联网作为一种工具，用户的在线时长受硬件、网络条件的制约，但是在移动互联网时代，移动终端就是我们身体的一部分，是肢体和思想的延伸，几乎可以做到无时无刻、随时随地在线。移动互联网的这个特性，对传统人际关系的影响，不仅仅是改变，更是颠覆。

社群最初的发展壮大与传统媒体有密切的关系。传统媒体对上游的资源提供者和下游的用户具有一定的引导力和聚合力，尤其是垂直媒体在行业资源连接、品牌推广、企业公关等方面存在天然优势。诸如高管精英商业社群黑马会的前身为《创业家杂志》，世界经理人是《世界经理人》杂志社群化运营的产物，海豚会、优米汇、木兰会等社群的前身也均为商业杂志、电视栏目等传统媒体。

目前社群的主要职能类别包括交流学习、社交人脉、商业推广、投融资、教育培训、公益等，未来社群将逐渐从兴趣、关系聚合向用户开发和行业资源整合过渡，而垂直行业通过社群化实现价值延伸，社群经济的红利也将逐渐向全行业渗透。

不同阶段社群的社会化如图 3—3 所示。

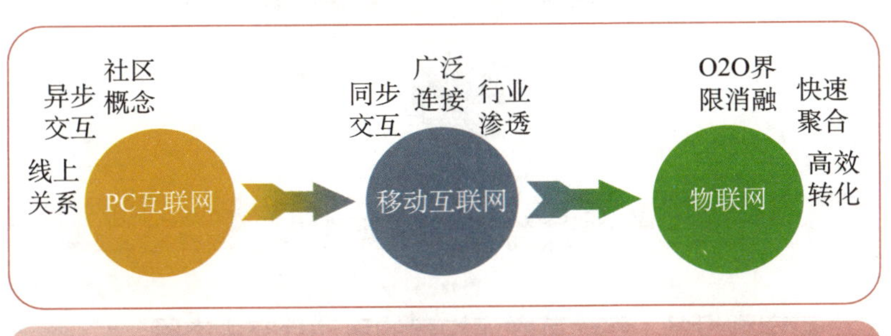

图 3—3 不同阶段社群的进化

社群生态圈的特点

社群生态圈具有三个基本特点：

一是具有共同的兴趣、利益、价值观，或者是目标、纲领，通俗讲就是调性、逼格，群成员通过纲领、调性已经做了有效的区隔，基本上能做到让属性相同的人在一起，这是社群基础。

二是具有高效率的协同工具。这也是在 PC 时代社群比较难以建立的原因，移动互联网时代像微信这样的实时交互工具，使协同变得非常容易。

三是具有一致的行动。由于前面两个原因，一致行动变得比较容易，而这个一致行动也反过来促进了社群的稳固。

社群生态圈的特点如图 3—4 所示。

图 3—4 社群生态圈的特点

可穿戴设备+移动互联网构建的移动社交生态圈

目前关于可穿戴产品讨论最多的是其不够时尚、电池续航能力坑爹、用户体验不佳等导致用户黏度不够这类问题。大部分人关注的都是可穿戴产品硬件的本身，而忽略了另一个方面，即基于可穿戴设备和移动互联网的社交生态圈的形成与扩展，这将是移动互联网时代获得最终端移动入口的新机遇。

在这个重度社交、人人都是自媒体的时代，基于可穿戴设备形成的生态系统如果能基于社交进行打造，这或许会是中国互联网企业与国际巨头差异化优势缩小的一个机会。

现在各种可穿戴设备在开发附属 App 时都会加入社交功能，

可以让用户和朋友分享成果。但是不同智能设备产品之间的社交平台是没有办法兼容、互相连接的，没有一个共同的平台可以提供给用户进行分享和互动。

微信开放 API 接口（操作系统留给应用程序的一个调用接口）可以在接入智能硬件后，给不同的智能设备产品提供一个共同的分享平台和社交平台，如用户可将运动数据分享至微信朋友圈，微信好友可浏览、评论和点赞，形成好友之间的互动，进而解决了之前碎片式用户分布带来的社交真空化问题，由此衍生出“运动+社交”的新社交生态圈。

INTERNET BUSINESS ECOSYSTEM 微信“运动+社交”带来公益新玩法

在移动互联网以及基于地理位置的服务（LBS）技术基础上，可穿戴设备的出现让行走、跑步等运动有了量化、可视化的效果呈现，并可随手分享。“微信运动”的出现更使得运动与社交碰撞出无限可能。

用户在微信添加“微信运动”公众号后，手机就能通过感应人体重心的移动自动记录用户每天的行走步数。不仅如此，在排行榜上还能看到其他好友的名次和步数。排行榜的背景也不是固定样式，今天谁得了第一名，好友排行的背景就会变成与冠军主页相同的样式。使用这项功能后，每天查看排行榜已经成为许多微信用户的一种习惯。而给“占领”背景的好友点赞也是对对方的一种支持。朋友圈排名、点赞之间，让运动达到了“不晒就是炫”的效果，借助人们攀比、炫耀的心理，让运动与人性结合，形成“社交＋运动”社交生态圈。

2014年“冰桶挑战”火了，渐冻人受到了前所未有的关注。时隔一年，公益圈又有了新玩法——做运动捐步数。2015年由腾讯公益联手微信运动合作推出“益行家”运动步数捐赠公益项目，由腾讯提供微信、QQ等社交平台入口，用户每日行走超过1万步，即可选择捐出步数，由合作企业转换为真金白银的爱心捐款，捐给心仪的公益项目，如给贫困山区儿童送去鸡蛋和牛奶、帮助贫困孤独症患者获得黄金康复期、为孩子制作环保教材等。“捐步数”公益活动上线短短几天，微信平台捐赠的总步数就达到16.3亿步，捐赠次数11.6万次。

资料来源：《携微信捐步等项目“99公益日”将带来公益新模式》，搜狐，http：//mt.sohu.com/20150904/n420412548.shtml，2015－09－04。

社群经济：重新定义用户与营销

社群时代的新商业规则，是用社群去定义用户，经营社群以挖掘基于核心产品的延伸需求，完全颠覆了工业时代先定义产品，再寻找消费群，然后再经营用户的商业模式。

形成社群经济必须具备几个条件：具有核心产品或者领袖的社群组织、清晰的商业模式和关系连接。

小米的社群形态是“产品＋社群＋粉丝”，产品是钢筋水泥，是支撑整个社群存在的基础；社群是入驻商户，第一批忠实粉丝也是整个社群运转的核心参与者；粉丝是来往的人流，是社群生态实现交易闭环的关键。而粉丝之所以愿意成为某一品牌的粉丝，是因为品牌社群可以为粉丝提供价值甚至满足其心理需求。

社群经济是对粉丝经济、体验经济的深化和延伸，变单边经营模式为去中心化的多边、无限边经营模式，通过抓住用户的心理体验和情感诉求而维系较强的黏性。特别值得一提的是，社群经济通过激活自组织，最为有效地激发了群体智慧，这方面最为典型的案例就是当下仍持续红火的罗辑思维自媒体。而社群经济打通、融合线上线下，为传统企业的互联网转型创造了空间，有助于大幅降低商业渠道成本，创造更高的商业价值。

社群经济带给传统产业、企业的改变，将首先体现为企业生存发展的逻辑必须发生改变——企业只有充分借助移动互联网和社群，精准找到消费者，并与之高频互动，了解消费者的身份、兴趣、状态、情绪、情感及位置等信息，让营销实现本地化和场景化，才能获得订单，而不能再像过去一样被动等待消费者上门。

社群经济时代的消费者，更为准确的称谓也将变为用户。全程参与企业经营流程的社群成员，企业必须为之进行全流程的彻底再造，让各环节的群体协作成为可能，还要在此基础上根据社群成员的反馈，不断提高满足个性化定制需求的能力。

小米社群经济现象本质上是互联网时代的经济学现象，一切动能来自社群，社群的力量推动着企业的变革和品牌的再造，企业和品牌社群化正在成为下一个风口。社会生产要素的组织形式和商业模式开始新一轮创新再造，社群经济下已经衍生出分享经济如 Airbnb、优步等，粉丝经济如小米、roseonly 等，共享经济如众筹等，社群经济将成为改变中国未来的新经济模式。

互联网社交生态的商业逻辑

互联网出现之前的商业形态是人围绕产品和服务开展活动，而互联网特别是移动互联网出现之后，商业开始由人围绕着物转演变成物围绕着人转，未来的商业是基于人，而非基于产品的。

INTERNET BUSINESS ECOSYSTEM

阳光 e 家：构建养老业健康出行社群生态

根据国家统计局发布的《2014 年国民经济和社会发展统计公报》，截至 2014 年底，我国 60 周岁及以上老年人口约 2.12 亿人，占总人口的 15.5%。到 2050 年这一数字将达到 4.8 亿。预计到 2050 年，我国老年产业市场消费潜力将由目前的 4 万亿元增长到 106 万亿元，占国内生产总值的比重从 8%增长到 33%。

伴随着人口老龄化发展，也带来了养老产业的迅速扩容。2013 年被行业称为养老产业元年，这一年，各种资金和机构开始涌入养老领域，呈现出养老地产、养老保险等多种养老新型业态，养老市场迎来拐点。

2015 年，在政府提出“互联网+”后，各传统行业纷纷走上转型之路，然而这并不是简单的两者相加，而是利用信息通信技术以及互联网平台，使得互联网与传统行业进行深度融合，创造新的商业生态。然而，目前在养老行业的互联网化发展上却存在不少误区，不少机构依然抱着和医院联合开设养老院的传统思维，并没有真正解决老年人孤独、养老费用昂贵、老年人社交圈子小、无法满足老年人兴趣爱好等痛点。互联网时代，只有解决老年人痛点的服务和良好的体验才能真正建立“互联网＋养老”的健康生态。

据调查，老年人倾向于出行旅游的比例在不断增长，从2011年的13%上涨至2014年的30%，增长了17个百分点。城市老年人旅游消费规模逐年增长，而每年老年人旅游人数已占到全国旅游总人数的19%。随着中国旅游老龄化的不断蔓延，老年人也在领跑整体的旅游势头。

综合当前养老产业和互联网发展趋势，针对解决老年人的养老痛点，深圳前海玖玖国际控股有限公司推出的“阳光e家”项目给出了养老产业生态发展的新方向——打造基于医疗健康的旅游社交平台。

阳光e家一方面，解决老年人的痛点。由于旅途中的专业医疗保障是几乎所有旅行团都不能提供的，对老年人而言，这是出行旅游的极大痛点。在此情况下，阳光e家的出行平台提出了很好的解决办法，在平台组织的每一个老年人旅行团里配备专业队医，为老年人旅行团保驾护航，提供医疗健康保障。

另一方面，阳光e家以有医疗健康保障的出行社交为核心整合相关的行业生态链，如养老金融、旅游互助、老年人周边产品等，打造老年产业的专业服务生态体系。

阳光e家还运用互联网众筹模式进行运营，深度挖掘老年人群体价值。老年人不仅是平台的会员，还可以参与股权众筹，成为阳光e家的合伙人，共同管理和完善平台制度和服务功能。阳光e家社群生态的核心和运行模式深度切合互联网思维，高效整合了行业上下游资源，构建了养老行业的新商业生态！

工业时代过去了，规模经济结束了；移动互联网时代来临了，社群经济开启了。人们根据地域特征、兴趣偏好、价值认同等会形成不同的小圈子、不同的社群。

社群只是社群，社群生态才是商业。社群的背后不只是粉丝和兴趣，还承载了非常复杂的商业生态。所谓社群生态，是指以社群为载体跨时间和地域扩散，衍生出产品和商业服务，以实现社群中的成员不同层次的价值满足。

例如，我们以前居住只要有个房子就行了，但是现在房地产开发商卖房子之外，还建有小学、各类商铺、休闲娱乐会所等，通过这些来增加买房和住房的附加值。这样的商业模式逐渐发展完善，为消费者提供多维度的服务，就变成了一个完善的生态系统。当下十分热门的智慧社区，就是基于这样的商业逻辑。

事实上，社群商业生态已经完全颠覆商业与消费者行为。移动互联网随时随地连接的特性让成千上万人彼此相连，不仅影响了人们的社交生活，也促成了庞大的社会经济转变，彻底改变了消费者与企业之间的沟通与互动模式。

对企业而言，由于众多个人使用者也就是潜在消费者对社群媒体的依赖渐深，如今通过传统广告直接锁定消费者的营销讯息将逐渐失效。众多成功的企业，如今已将社群视为消费者的入口以及和消费者交流的工具。

兴趣聚集、沟通协作与商业变现是社群生态的三大核心功能。在以兴趣聚集用户、内容沉淀用户的基础上，通过沟通模式和协作模式的创新，不断提升用户的参与度、连接度和信任感，盘活粉丝经济和分享经济，是社群价值变现的基本模式。

社群价值变现可分为平台渠道和产业生态两大层面。渠道价值主要体现在传播、导流、公关、交互等方面；从产业生态价值链来看，社群可以低成本、高效率地实现行业资源的整合，打通产业链的上下游，实现从资源供应商、渠道方、竞争合作方到用户市场的多层级整合。

社群将继续实现爆发式增长，渗透到更多的领域和更碎片化的市场；精英阶层所主导的强势社群其影响力将持续扩张，去中心化的草根社群将成为中坚力量；面向小众用户的社群将成为创新发展的突破口，以区域和垂直为坐标去聚集用户。

社群新平台、模式不断衍生扩散，社群组织结构和分布呈现出各种新特性；社群之间的协调与联动将会更紧密，形成垂直领域的大型社群联盟；社群柔性化、个性化、动态化分布特征凸显，逐步渗透到社会民生和产业链条的各环节。

未来，移动互联网技术和用户需求进一步升级，社群生态将构成现实社会的模拟仿真，实现 O2O 的无界化连接；随时随地发现、聚合、连接人群，更加智能化、专业化、社会化，释放出更大的经济效益和社会价值。

移动互联网社群，连接人、内容、商业，最后也就是连接一切，任何一个需求或兴趣最终都有可能演变为商业目的，整个社群生态体系中蕴涵的人脉能量和商业拓展能量非常巨大。

移动互联网社群时代，任何社交需求及行为最终都落实到人，工具、平台只是用来辅助升级社群形态。以满足用户的个性化需求为目标，用社群经济替代传统商业，并且把商权交还给消费者，这才是未来经济发展的合理模式。

INTERNET BUSINESS

ECOSYSTEM

Refactoring Business Rules

第四章
互联网制造业生态

第一次工业革命，蒸汽机的发明推动制造业实现了机械化；第二次工业革命，电的发明实现了电气化。20 世纪 60 年代末开始，随着信息技术的发展，包括计算机系统、企业资源计划等技术在制造业领域的应用，带来了制造业的数字化和自动化。如果将 18 世纪引入机械制造设备定义为工业 1.0，20 世纪初的电气化定义为 2.0，始于 20 世纪 70 年代的信息化定义为 3.0，那么物联网和制造业智能化则宣告着第四次工业革命的到来。

现在制造业正迎来新的革命，也就是通过使用互联网的网络技术实现网络制造和智能制造。所谓新一轮工业革命的背后就是智能制造，向效率更高、更精细化的制造发展。新兴信息技术带来的是制造业本身从数字化走向了网络化、智能化，它的实现恰恰是互联网技术与工业的融合创新。比如德国提出的工业 4.0 计划，其核心是智能生产技术和智能生产模式，旨在通过物联网和务（服务）联网，把产品、机器、资源、人有机联系在一起，推动各环节数据共享，实现产品全生命周期和全制造流程的数字化。

借助互联网平台，制造企业、市场与用户的互动程度和范围极大扩展，互联网与制造业融合的新模式、新业态层出不穷，正重塑产业组织与制造模式，重构企业与用户的关系。“互联网＋制造业”引发了制造业资源配置方式更新，驱动了制造业生产经营模式变革，促进了制造业转型升级，给我国制造业的转型发展带来了新机遇。

互联网重构制造业生产模式

过去的制造业只是商业生态中的一个环节，但随着互联网和制造业的深度融合，从产品的设计、研发、生产制造到营销、服务，传统制造业的生产模式已经发生了巨大改变。

由于互联网实现了消费者和生产制造企业的连接，消费者对产品的需求已经开始影响产品生产链上游的设计和制造环节，互联网正加快向企业服务和研发环节渗透，包括制造业服务化、个性化定制、众包设计、众筹融资等新模式已经出现。

供应链电商化

互联网和制造业融合，首先是在企业采购和营销等外部环节开始渗透。现在有很多大中型企业，在供应链环节通过 B2B 方式采购原材料，在销售环节通过 B2C 和 C2C 方式实现商品零售。

国家工业和信息化部预估 2015 年我国电子商务的交易额将超过 18 万亿元，而且今后每年还将以两位数的增速发展，2018 年 B2B 交易额有可能突破 20 万亿元。

INTERNET BUSINESS ECOSYSTEM Ariba：全球化供应链电子商务交易平台

基于互联网信息技术对企业供应链的集成已经产生了显著的

影响，电子商务的发展为供应链管理带来了契机。基于互联网技术的网络供应链管理能对供应链中的信息共享、多方协作、外包和伙伴关系进行统一的协调和计划，实现高效的一体化供应链管理。

Ariba 是欧洲市值最大的企业之一思爱普（SAP）于 2012 年耗资 45 亿美元收购的全球最大的跨国供应链电商平台，覆盖全球 190 个国家和地区的 180 万家企业用户，全球 2 000 强的 83% 在 Ariba 平台进行采购，2014 年平台交易额为 8 350 亿美元，支持 31 种语言和 70 余种货币结算。

借助 Ariba 这一全球最大的供应链电商平台可以使中国企业快速接入全球网络，对接每年超过 8 000 亿美元的买家资源，实现企业与国际买家零距离的商务洽谈，免除中间环节，在网上完成签单、采购、收款等跨境贸易环节，让中国企业直接参与国际竞争，提升国际竞争力。

产品定制化

在互联网尤其是移动互联网爆发式发展的推动下，消费者由被动消费变为主导消费，从而导致企业价值链主导权从生产商、流通商转到消费者手中，消费者开始广泛、实时地参与生产和价值创造的全过程。

未来的制造业生产形式，是在生产要素高度灵活配置的条件下，实现高度个性化产品的规模化生产，消费者与业务伙伴广泛参与业务过程和价值创造过程，以及生产和高质量服务的集成等。物联网、互联网将取代传统封闭性的制造系统成为未来制造业的基础。

通过开放网络平台，众多分散的生产者和消费者个体实现广泛、实时、频繁的交流互动，充分激发社会创新潜力，有效满足消费者的个性化需求。因此，制造企业必须尽快调整战略，主动变革生产与组织方式，借助社交营销、大数据、物联网等新技术实现与用户精准互动，推进定制化、柔性生产、快速响应，从而有效降低生产成本，实现专业化、细分化的长尾效应，满足消费者多样化的需求。

INTERNET BUSINESS ECOSYSTEM 海尔与尚品宅配的产品定制化规模生产

海尔的全流程并联交互创新生态体系，一方面借助海尔官网、微信、微博等网络工具，建立开放式创新平台，从众多的个性化需求中提取出共性需求；另一方面通过海尔 HOPE 开放创新平台，与全球研发机构、个人进行互动，形成用户需求与全球一流创新资源的高效对接，由此设计出的产品再以互联网预订的形式进行生产和销售。如海尔天樽空调就成功应用了这种模式，在研发设计初期，即在互联网平台上与 60 多万名消费者充分互动，掌握了消费者对空调的实际需求，然后迅速与多家研发机构有针对性地进行合作研发，产品一经推出即受到了消费者的认可。

尚品宅配通过收集用户的数据，每年获取 30 多万用户的信息来充实数据库，由 3 000 多位设计师通过互联网进行家具设计。尚品宅配通过后台的云中心进行大数据分析，对市场进行预测，同时延伸到家具生态圈的其他环节，不仅可以做家具，还可以销售家居配套的其他产品。根据用户群的各种需求，提炼共性，就可以实现批量生产。通过这样的方式，既实现了个性化需求，也实现了批量化制造。这是非常典型的互联网生产模式。家具行业的板材利用率一般是 80%左右，而尚品宅配通过定制化规模生产，板材利用率可以达到 90%以上。2014 年尚品宅配营业收入近 20 亿元，综合毛利率也远高于同行。

资料来源：《互联网技术将如何改变传统制造业》，中国两化融合网，http：//mp. weixin. qq. com/s?__biz = MjM5MTE4OTY5Ng = = &mid = 207417262&idx= 1&sn = e5c3bdcd1845832c3d621b61b9cc8713&3rd = MzA3MDU4NTYzMw= =&scene=6#rd，2014 - 09 - 15。

生产流程智能互联化

美国 2012 年 2 月提出了先进制造伙伴计划，之后德国推出了工业 4.0 战略。美国通用电气公司提出了工业互联网的概念，并在企业横向联合层面上，成立了工业互联网联盟组织，推动和发展工业互联网系统间的集成和兼容。

工业互联网利用遍布其产品的传感器和网络连接机器，在机器设备层面，利用软件分析技术提高机器的智能性和设备的性能；在制造车间层面，机器设备之间可以互相通信和协作，提高生产线的协同水平，根据工厂动态生产情况实现不同工序流程环节的组织优化，提高产出，降低能耗；在工厂层面，根据供应链情况和市场需求，面向具体的生产任务，实现多个车间、多条生产线之间生产资源的统筹优化和调度；在人与机器层面，所有制造系统、设备都与人互联，围绕如何提升人的效率、为人更好地服务这一主线，实现人与智能制造系统交互，推动生产制造朝数字化、网络化、智能化方向发展，提升价值链高端环节，推动传统制造企业转型。

海尔的沈阳互联工厂（见图4—1）通过打造自动化、智能化的生产线，搭建信息化、数字化信息系统，率先建成了企业与用户需求数据无缝对接的智能化制造体系，在数据实时共享的基础上实现智能生产，每10秒钟就能下线1台冰箱，单线产品生产效率远超行业其他企业。

图4—1 海尔互联工厂

资料来源：21CN科技。

通用电气投资了10亿美元来提高制造工厂的生产效率。在通用电气氯化镍工厂部署了1万多个传感器，分布在生产线的不同环节，通过实时数据的采集、传输和集中处理、反馈，根据结果调配不同资源，及时跟踪设备信息，降低故障率，提高效率。

目前发达国家都在加快制造业的转型升级，2013年美国由国家标准研究院牵头，组织产业界制定了工业互联网的标准架构。2014年3月，由通用电气牵头发起了工业互联网联盟，目前已经推出30多种工业互联网解决方案，包括石油、天然气平台的监控、机车、医疗等各方面。

德国将工业分成四个阶段，分别是工业1.0机械化、工业2.0电气化、工业3.0数字化、工业4.0智能制造。德国将工业4.0作为强化国家优势的战略选择。在组织保障层面，由西门子等十家企业共同组成协同创新体系，作为《德国2020高科技战略》的一部分，政府统一支持。2014年4月，德国电气电子和信息技术协会发布了工业4.0的标准化路线图。工业4.0概念包含由集中式控制向分散式增强型控制的基本模式转变，目标是建立一个高度灵活的个性化和数字化产品与服务的生产模式。在这种模式中，传统的行业界限将消失，并会产生各种新的活动领域与合作形式。创造新价值的过程正在发生改变，产业链分工将被重组。

中国也在积极推动互联网与工业的深度融合，2013年工业和信息化部发布了《工业和信息化深度融合专项行动计划》，其中一个专项行动就是互联网和工业融合创新行动。国务院编制的《中国制造 2025》也将工业智能化作为未来产业发展的重要方向。互联网和工业的融合已经在中国制造业的很多领域开始实行。我国的互联网有非常强的优势，从产业的角度，可以说中国是仅次于美国的第二大互联网产业大国。利用互联网的优势和工业优势推动制造业转型，互联网与工业的融合将是非常重要的切入点，具有重要的战略意义。

生产异地协同化

移动互联网的发展正在给传统制造业的发展方式带来颠覆性、革命性的影响。信息网络技术的广泛应用，可以实时感知、采集、监控生产过程中产生的大量数据，促进生产过程的无缝衔接和企业间的协同制造，实现生产系统的智能分析和决策优化，使智能制造、网络制造、柔性制造成为生产方式变革的方向。

工业制造正在由集中生产向网络化异地协同生产转变。信息网络技术使不同环节的企业间实现信息共享，能够在全球范围内迅速发现和动态调整合作对象，整合企业间的优势资源，在研发、制造、物流等各产业链环节实现全球分散化的协同作业。任何一台设备，任何一个工位，任何一个组织，只要在资源配置权限之内，都可以参与到网络化制造的任务节点中，实现复杂的任务协同。

国产大飞机：全球化生产协作的成果

2008 年中国商用飞机有限责任公司正式启动大型客机项目论证工作，举全国之力、聚全国之智，邀请国内外 47 家单位 468 位专家组成了大型客机联合工程队，成立了由 20 位院士、专家组成的大型客机专家咨询组，形成了大型客机的总体技术方案，完成了大型客机项目技术经济可行性研究报告。

2015 年 11 月 2 日，我国自主研制的 C919 大型客机首架机（见图 4—2），在中国商飞公司新建成的总装制造中心浦东基地厂房内正式下线。其最大载客量 190 人，航程最大达 4 075 公里。

图 4—2　中国首架自主生产的大飞机 C919

资料来源：中国商飞公司。

早在 2014 年，中国商飞公司为研制 ARJ21 支线飞机组建的项目广域协同平台，就采用“主制造商＋供应商”的管理模式，实现了全球 10 多个国家、100 多家供应商之间的协同研发和制造，全机结构零部件 3 万多项，其中中国商飞公司承担了 7 000 余项，这是典型的全球网络化协同制造。

资料来源：《工信部部长苗圩谈制造业发展新趋势》，赛迪网，http：//miit. ccidnet. com/art/32559/20140508/5454301_1. html＃rd?sukey＝fc78a68049a14bb2623e63e54dff8b83dbd7ed4c3552fcce9c45811ee798c18e3890bea84bcd495d8144dabe4e89fdf7，2014－05－08。

管理组织扁平化

过去的工业都是集中式的大规模生产，由于与互联网的融合，制造业已经呈现向组织分散的转变，主要模式包括协同研发、众筹融资、众包设计、网络制造等。

互联网时代，市场更加细分，个性化需求与服务要求更高，这就使得制造企业之间的竞争范围扩大，其所生产的产品和提供的服务需要更加聚焦，营销战略自然要随之发生变化，而企业的组织体系在上述各要素的变化之下，必然会呈现出向组织分散转变的趋势，协同制造成为重要的生产组织方式。

制造企业的战略重点是强化核心竞争能力，将非核心业务放弃，转而利用各种各样的合作形式，众包研发、协同创新、个人制造等基于网络的分布式、柔性生产方式成为变革的主要方向，只有运营总部而没有生产车间的网络企业或虚拟企业开始出现，如小米公司总部只有研发设计人员，其生产、物流、销售等业务全部外包给合作企业，并通过互联网与合作伙伴进行业务协作。通过互联网实现融合创新，制造企业的内外部组织正从有界趋向无界、从有形走向无形、从垂直变为扁平，用户取代企业家成为左右企业决策制胜的终极力量。

INTERNET BUSINESS ECOSYSTEM 海尔全球研发众包平台

中国家电企业海尔搭建了全球研发平台，纳入全球 10 万个知名高校和科研机构，涉及电子、生物、动力等多个领域，面向全球的设计资源和用户需求，征集产品解决方案。现在已有跨越电子、家电等领域的 200 多万名专业设计人员注册。

通过全球研发平台，有 1 600 多名设计师参与海尔帝樽空调的设计，2 年内收集了 12 万条用户需求和创意。最终这款空调入选了 2012 年世界创意经济研究中心“影响世界的十大创意产品”。

资料来源：《工信部部长苗圩：中国如何应对新一轮科技和产业革命》，央视网，http：//kejiao. cntv. cn/2014/05/08/ARTI1399518964004296. shtml，2014－05－08。

制造业服务化

放眼全球制造业的竞争格局，全球 500 强企业所涉及的 51 个行业中，有 28 个属于服务业；500 强企业中有 56％在从事服务业。而且在西方发达国家普遍存在两个“70%”的现象：服务业增加值占国内生产总值比重的70%，生产性服务业占整个服务业比重的70%。国际制造业跨国巨头已通过发展生产性服务业，实现以产品为中心向以服务为导向的转型，美国通用电气公司服务业收入占其总收入的50%以上，制造业服务化的时代已经到来。

企业生产从以传统的产品制造为核心转向提供具有丰富内涵的产品和服务，直至为用户提供整体解决方案，互联网企业与制造企业、生产企业与服务企业之间的边界日益模糊。

越来越多的制造企业意识到不能仅仅关注实物产品的生产，而是要涉及实物产品的整个生命周期，包括市场调查、产品开发或改进、生产制造、销售、售后服务、产品报废或回收等。

服务环节在制造业价值链中的作用越来越大，许多传统制造企业甚至专注于战略管理、研究开发、市场营销等活动，放弃或者外包制造活动。制造企业正在转变为某种意义上的服务企业，企业的收入来源也从单纯的销售产品转向“销售产品＋提供服务”，从而获取持续收入。

服务化制造模式与传统制造模式的区别体现在三个方面：在价值实现上，传统制造通过有形产品实现价值增值，而服务化制造则强调通过向客户提供整体解决方案实现价值增值；在工艺流程上，传统制造仅关注产品本身的制造，而服务化制造强调以人为中心，重视数据的积累和传递；在组织模式上，传统制造通过纵向或横向一体化来实现规模经济，而服务化制造则强调通过网络协作关系来实现信息的共享，实现资源的优化配置。

INTERNET BUSINESS ECOSYSTEM

制造业服务化发展的三大途径

参考目前国际制造业跨国企业制造服务化的主要发展模式，我国制造业服务化发展有以下三种主要途径。

一是利用互联网信息技术开展远程运维、远程监控等服务，如三一重工已经在设备上增加了通信功能，目前已经有超过10万台设备通过网络与三一重工企业控制中心及快速反应团队连接。企业控制中心可以运用3G网络、视频远程故障诊断等信息服务系统，远程监控设备的运转情况，并基于工业大数据实现故障预警，有针对性地提供维修等服务，实现服务型制造。

二是在推广应用互联网的过程中，衍生出信息服务、系统集成、运维服务等一系列专业性服务企业，如华为为中亚天然气管道提供的数字化油气管道集成通信解决方案，有效地将管道与压缩机站、计量站、主控中心实时连接，管理人员在北京就能实时了解千里之外的管道现场情况，有助于合理制定检修计划，大幅节约运维资金。

三是产生各类平台型服务机构，专门为制造企业提供研发设计、生产制造、经营管理、市场销售等服务。如江苏物联网技术与应用协同创新中心成立智慧农业、智慧交通物流、智慧节能环保、智慧矿山、智慧健康、智慧家居安防、物联网共性技术、物联网标准化、物联网信息安全、物联网产业示范与推广、物联网军事应用等多个分中心，为相关制造企业提供物联网平台服务。

资料来源：《互联网＋给制造业转型发展带来新机遇》，工控网，

http：//gongkong. ofweek. com/2015 - 06/ART-310005 - 8420 - 28968771. html，2015 - 06 - 06。

目前在国际分工比较发达的制造业中，产品在生产过程中停留的时间不到全部循环过程的 5%，而处在流通领域的时间要占 95%以上；产品在制造过程中的增加值不到产品价格的 40%，60%以上的增值发生在服务领域。产品价值实现的关键和利润增值空间日益向产业价值链两端的服务环节转移。

可以说，互联网特别是移动互联网正在深刻改变着传统制造业，传统制造业面临要么被颠覆、要么积极拥抱的抉择。从某种意义上讲，过去的一段时间内，不少制造业巨头轰然倒下，与其说是技术路线选择的问题，不如说是没有跟上移动互联网时代的步伐。

INTERNET BUSINESS ECOSYSTEM 红领模式：服装制造业生态的进化

红领集团用超过 10 年的时间，斥资 2.6 亿元，以大数据技术为核心实现了大规模个性化定制工业化制造，成为全球第一家完全实现西装 100%定制的公司。顾客不仅可以在一分钟内拥有专属于自己的“版型”，还可以在网上自主设计，自主选择自己想要的西装款式、面料、裁剪、纽扣的样式和数量、刺绣的内容，甚至每一处缝衣线的颜色和缝法……7 个工作日后，顾客将收到完全属于自己的个性化定制西装，成本仅是非定制西装的

1.1 倍。

红领所处的服装制造产业正面临三大痛点，正是这些痛点在推动越来越多的服装企业转型，以便摆脱这些困扰。

第一，中国制造经历了相当一段的繁荣期，当然这个繁荣主要来源于人口和政策的红利，当这些红利慢慢消退，成本优势也就在逐渐消退。

成本不具备优势，又没有核心技术，在这场经济大潮中，究竟应该回归哪里？回归市场和客户需求的原点，真正围绕客户的需求，打造自己的核心竞争力，而不是简单提高效率、降低成本就能够生存下来。这是制造业的第一个痛点。

第二，成衣行业无法逃离库存这一痛点，大部分企业赚来的钱最终都变成一堆库存。为什么成衣行业有这么多库存？可以从两个角度分析。一个角度是供应链。成衣行业的运作规则是：通过研究明年的流行趋势和往年的销售数据，提前一年研发产品；再找面料、辅料生产厂家，一般起订至少 800 米的面料；再找到成衣厂家，同款衣服至少起订 800 件。因此，当推出一款产品时，至少要满足这两个最低起订量。所以，库存便已经存在。

而从研发系统看，ZARA 创造了服装行业的奇迹，它把设计师体系变成了买手模式，把全世界各大品牌店、各大卖场销售最好的衣服，做局部修改后下单生产，10 个工作日可以上架出售。所有服装企业都在感慨其背后强大的供应链。

另一个角度是价位。服装行业的潜规则是：在面料费和加工费的成本上，服装品牌的零售价会乘以5～10。其实，当成本100元的衬衣零售价达到1 000元时，500元已经是库存。如果再平摊经营渠道的营销、管理费用，商家也没有赚钱，所有的费用都转嫁给消费者，所以这是传统成衣行业很重要的痛点，价格节节升高，商家也没有赚钱，消费者还得为此买单。

第三，还可以从定制行业所具备的特点来看痛点。首先，对经验的依赖性特别强，包括量体和打版。其次，制造过程花费时间长、成本高。

显然，红领是率先在传统服装行业加入互联网思维的创新者。当互联网行业的发展进入加速期，红领集团创始人张代理便开始着手建立数据库，用了11年时间，投入2.6亿元资金，建立了自己的大数据系统，并推出订单提交、设计打样、生产制造、物流交付一体化的红领个性定制（Red Collar made to measure，RCMTM）互联网平台。

通过RCMTM平台，客户可以在网上参与设计、提交个性化正装定制的需求（相关电子标签见图4—3），数据立即传到制造工厂，形成数字模型，由计算机进行打版，此后的裁剪、缝制与加工、成品检验与发货则由人工完成。这整个周期仅需要7个工作日，而一般传统的服装企业需要至少一个月交货。

事实上，红领的另一个突破点正是改造了生产和组织流程，实现大规模定制化生产。红领的客户可以在全球各地通过系统设计衣服，然后直接连接工厂进行下单。

以一个订单为例，会以订单信息作为核心线索，在组织节点

图 4—3 囊括全部个性化定制信息的电子标签

资料来源：中国经济网。

进行工艺分解和任务分解，以指令推送的方式将分解任务推向各部门，以基于物联网技术的数据传感器，持续不断地收集任务完成状况。通过全程数据驱动，传统生产线与信息化深度融合，成功实现了以流水线的生产模式制造个性化的产品。

目前为止，红领一年可以生产 100 万套个性化定制的产品。2013 年，红领集团生产服装 700 万套件，实现销售收入 16.76 亿元，利税 3.15 亿元。2014 年红领集团产值约 20 亿元，量身定制（made to measure，MTM）产量每天 2 600～2 800 套件。

红领模式是运用互联网思维创新经营理念，以信息化与工业化深度融合为基础，以大数据为依托，以满足全球消费者个性化需求为主导，进行个性化产品的工业化流水线生产，创新电子商务零售 C2M+O2O 模式。

资料来源：《互联网工业：红领集团——个性化定制工业化生产》，搜狐，http://mt.sohu.com/20150429/n412090055.shtml，2015-04-29。

跨界与融合：互联网颠覆制造业生态链

进入移动互联网时代，用户对产品的使用已从单一的功能需求升级到了全面体验的需求，而体验的改造仅靠产业链的局部改造是无法完成的，必须进行全产业生态链的革新和颠覆。同时，互联网技术使得包括汽车在内的传统产业第一次具备了跨产业价值链垂直整合的条件。

众所周知，封闭是传统汽车生产方式最大的特点之一，这点从众多车企拒绝开放 CAN 总线协议便可知晓一二。苹果、谷歌、百度等国内外互联网巨头之所以纷纷宣布造车，很大程度上也是无奈之举。只有打破封闭，拥抱开放，加快互联网与汽车的融合与变革，才能为用户提供真正意义上的互联网智能汽车，重新定义未来汽车。

INTERNET BUSINESS ECOSYSTEM 乐视与小米的智能汽车生态之争

乐视推出了“See 计划”——打造智能化、互联网化、电动化、社会化的乐视超级汽车，用 5 年时间规划电动汽车制造、车联网以及汽车车联网生态系统。目前乐视汽车已经与北汽、阿斯顿·马丁展开了新能源汽车和车联网的深入合作。在车联网领域，乐视更是以21.9亿元购买酷派18%的股份，由此酷派成为其车联网的战略盟友，从而借此打造覆盖汽车上下游产业链以及汽车全生命周期管理的开放生态。

2015年10月乐视斥7亿美元巨资入股易到用车，补齐了开放的超级汽车生态闭环中至关重要的一环。“乐视+易到用车”将为用户提供全新的移动出行生活场景，享受如购物、视频、教育、直播、社交、虚拟现实、视频金融服务等车上生活；通过LBS、行为分析、O2O服务等云数据，让超级汽车更智能。同时乐视还将开放车载服务的入口和平台，构建基于乐视云的服务平台，提供更多衍生增值的机会，如营销推广、广告合作、品牌联营、版权扩展、智能硬件等，创建跨行业的“移动互联网+汽车”生态。

在未来乐视将实现手机、电视机、PC、电影屏幕、Pad、汽车屏的“六屏合一”，这无疑也使得乐视未来拥有重要的核心资本，为其在乐视大生态的拓展方面打开天窗。

未来互联网的竞争，不单纯是技术、资料、产品层面的竞争，更是开放平台和生态的较量。

随着小米手机年出货量突破6 000万部，小米正围绕软硬体一体化打造生态链，在这个生态链条中需要云加速、云存储、互联网金融、移动健康、移动地图等领域来完善生态布局。

当前国内手机市场占有率已接近饱和，电视机和智慧硬体设备进入汽车等终端将带来更大的发展空间，而这些终端的销量也将决定 MIUI、小米应用商店、小米云等一系列互联网产品的最终价值。冲击电动汽车产业可以解读为雷军在小米生态圈的进一步布局。

据悉小米汽车内部代号是米斯拉，将联合比亚迪进行硬件研发、产品销售，甚至是售后服务。

目前小米已经完成了十几项有关智能汽车发展的发明专利申请，包括车辆限速的方法及装置、控制车门开启的方法及装置、设备控制方法及装置、操作功能执行方法及装置、辅助行驶的方法及装置、车辆操控方法及装置、车辆补充能源的提示方法及装置、实现定速巡航的方法及装置等（以上均为专利名称），涉及定速巡航、智能控制、驾驶辅助等多个方面。

从专利申请的方向来看，小米似乎对于汽车产业涉足较深，其中定速巡航与车辆控制都是传统汽车厂商的看家本领，而车辆导航与停车预测则是 IT 企业的强项。看来小米并不像其他互联网厂商一样把技术方向停留在车载互联网上，而是要“掌握核心科技”。

小米正在联合比亚迪研发车载系统，毕竟小米拥有成熟的 MIUI，以及小米手机，完全可以打造一个类似 CarPlay 的车载系统解决方案。对于独缺的位置服务能力，小米通过投资 8 400 万元入股地图导航厂商凯立德，补齐了车联网重要的一环。

未来，小米不仅将产出智能汽车，而且将打造小米汽车生态圈，包括整车、动力总成技术的输出、车联网前后装硬件及解决方案的提供，以及对下游新能源企业及充电桩企业的投资与扶持。

互联网时代的竞争在很大程度上已经不是单个产品、单个企业之间的竞争，而是生态系统之间的竞争。

以苹果公司为例，在每台苹果手机的背后都隐藏着一个庞大的生态系统，包括最优秀的零部件供应商、大量的影音书籍内容提供商、大量的应用开发商以及分销环节的各大运营商等。苹果公司通过提供适当的合作、利润分配机制和必要的基础设施，将这个庞大网络中的众多参与者有机结合在一起。

对于制造业而言，产业生态链就是要打破封闭式的生产模式，生产什么不再由生产企业自己决定，而是把客户、消费者拉进来，让客户、消费者等参与产品的设计、生产、交付等环节，让客户、消费者以及生产者决策进入市场的产品。目前，诸如小米、BAT、58同城等公司的成功实际上也离不开线下渠道，小米称自己是一个平台化的互联网公司，实际上也是在打造自己的产业生态链。

产业生态链的形成一个很重要的因素就是供需平衡，过激的同质化竞争不利于产业生态链的建立，目前，大部分企业谈论的产业生态链主要集中于互联网企业、以大众消费品为主的制造业、供应商。显然，对于制造业中的装备行业、化工行业等来说，产业生态链的建立需要在信息共享的情况下，避免过分的不当竞争和资源浪费。

互联网与制造业深入融合，新一轮科技革命和产业变革与加快转变经济发展方式形成历史性交汇，以制造业数字化、网络化、智能化为核心技术，信息技术、生物技术、新材料技术、新能源技术广泛渗透，将给我国制造业创新驱动、转型升级发展带来难得的机遇。

INTERNET BUSINESS

ECOSYSTEM

Refactoring Business Rules

第五章

互联网服务业生态

从 20 世纪 80 年代开始，全球产业结构呈现出工业型向服务型转型的态势。在互联网信息化背景下，促进传统服务业向现代服务业转变，把发展实体经济与发展虚拟经济结合起来，优化产业链是市场经济发展的必然选择。

互联网作为一种服务性工具，与产业相结合，将赋予其一定的现代服务业属性。由于其服务跨越时空，为分工协作创造了良好的条件，待时机成熟，一个新的行业就会孕育并分离出来。对于第一产业、第二产业，农业物联网、工业互联网的深入发展，已导致农业、工业与服务业在部分领域的界限不断模糊；对于第三产业，互联网已催生出大批新兴行业，如网络购物、网络游戏、网络广告、在线租车、在线教育等。在互联网的作用下，现代服务业体系日益丰富。

服务业发展趋势

从世界经济产业结构的变迁来看，在工业革命之前，农业是国民经济的主导行业；在工业化阶段，工业迅速发展，所占比重迅速上升；在逐步向后工业化阶段的过渡中，服务业日益成为国民经济发展的主导行业，在国民收入和劳动力就业中占据主要部分。

配第-克拉克定理认为，各种生产要素包括资本、技术、劳动力首先从农业向工业转移，然后向服务业过渡，相继完成农业经济向工业经济以及知识服务经济的转化。我国目前也开始由工业制造大国向服务大国转型。

我国已进入工业化中后期，服务业将加速发展

不同的社会形态中服务业的表现特征并不相同，农业社会服务业主要是为个人和家庭服务，工业社会服务业以与商品生产、流通有关的服务为主，而后工业社会服务业则以信息服务和公共服务为主。目前我国处于工业社会向后工业社会转型期，总体来看，随着经济的增长，农业占国内生产总值的比重将持续下降，工业占国内生产总值的比重先上升后下降，而服务业的比重则持续上升。

根据世界银行对全球各经济体的人均收入划分标准，无论是高收入国家、中等收入国家还是低收入国家，都能发现服务业在经济中的地位随着经济增长而提高的规律。

高收入国家人均收入 12 276 美元及以上，中等收入国家人均收入 1 006～12 275 美元，其中 1 006～3 975 美元为中等偏下收入国家，3 976～12 275 美元为中等偏上收入国家，低收入国家人均收入 1 005 美元及以下。从高收入国家的经济发展规律来看，人均国内生产总值超过 4 000 美元之后服务业有一个加快发展的过程。总体来看，无论是高收入国家还是中低收入国家，服务业占国内生产总值的比重都处于上升趋势。

国家统计局 2015 年 1 月发布的数据显示，我国在 2014 年人均国内生产总值达到了 7 485 美元，根据世界银行对收入水平的划分，中国已进入中等偏上收入国家。

2013 年我国服务业在国内生产总值中的比重为 46%，首次超过工业占比。但是与世界中等偏上收入国家的 56%、世界平均水平的 60%、发达国家经济发展同期水平的 50%～60%相比，我国都是显著偏低的。

我国服务业的发展严重滞后，无论是从经济发展阶段、经济结构调整需要还是政策支持等方面来看，我国服务业都将进入一个加速发展阶段。

城市化进程提速带动服务业快速发展

我国城市化进程的推进，将为服务业开辟广阔的发展空间。人口的聚集是服务业快速发展的重要前提，城市化与服务业发展存在内在的逻辑联系。

首先，城市为服务业提供地理上的便利，有利于服务业产生规模效益。城市经济的繁荣和社会分工的细化，直接推动生产性服务需求的快速增长，带动金融保险、邮电运输、广告、法律、会计等生产性服务和专业性服务的发展。

其次，随着城市化对经济增长促进作用的发挥及人们收入水平的提高，城市消费群体将逐渐扩大，消费观念和生活方式也将逐步改变，这些都将增加居民的消费型服务需求，促进零售、餐饮、医疗、社区服务、文化娱乐、体育健身、科技教育等提高生活质量的服务业发展。

最后，城市基础设施及城市功能的完善，将带动房地产、物业管理、公共服务等行业的发展。

从世界范围来看，随着经济的发展，城市化水平不断提升，服务业在经济中的地位也逐步提高。无论是低收入国家还是中等收入国家，随着城市化比重的不断提高，服务业所占比重均呈现稳步增加的态势。

从我国的情况来看，截至 2014 年底，人口城镇化率提高到 53.73％，还远低于发达国家和中等收入国家 80％～90％的水平。根据我国的规划，我国的城市化率将从 53.73％提高到 2020 年的 60％，这意味着城镇化率每年将提高大约 1 个百分点，城市新增人口高达 2.9 亿人，城市人口总规模将由目前的 5.9 亿人增加到 8.8 亿人，服务业的消费群体将持续扩大。可以预见，随着城市化进程进一步加快，我国未来的服务业将进入加速发展阶段。

社会分工和信息化推动服务业快速发展

我国基础设施的改善为服务业的发展提供了便利。服务业一般是无形产品，但需要有形产品作为依托。20 世纪 90 年代以来，我国固定资产投资中用于第三产业的投资持续增长，主要体现在三个领域的基础设施建设：一是公路、铁路、港口、码头、机场建设等交通运输设施；二是科技、教育、文化、卫生等社会事业领域；三是信息技术、网络通信等领域。这些投资有些直接转化为服务业的产出，有些为其他服务行业的发展提供了基础条件，使得商品、信息、人员流动的速度大大加快、成本显著降低。

互联网信息技术的普及与快速发展拓展了服务业的半径，提高了服务业运行的效率，降低了服务业的运行成本。以信息技术为主导的高科技的广泛普及使得服务业成为受益者。信息技术的普及为无形的、不可存储的服务提供了有形载体，使服务实现了价值转化。互联网信息技术的发展大大降低了管理和信息传递成本，使远程服务的大规模开展成为可能，一方面创造出了网上交易、远程教育、视频会议等新的服务消费模式，另一方面也使得企业的组织管理成本降低，企业可以借助互联网广泛开展外包和协作。

互联网服务业的生态变革

国家统计局 2015 年 10 月公布的数据显示，2015 年 9 月，社会消费品零售总额 2.5 万亿元，同比名义增长 10.9%。前三季度，第三产业增加值占国内生产总值的比重为 51.4%，比 2014 年同期提高 2.3 个百分点，高于第二产业 10.8 个百分点。

继 2013 年服务业占国内生产总值比重首次超过工业后，2015 年我国又迎来第二个里程碑，服务业占国内生产总值比重突破 50%。这表示经济结构进一步优化，我国产业结构由工业主导向服务业主导转变的趋势更加明确。而服务业在不断培育新业态、新商业模式的同时，也为第一产业、第二产业的发展提供了新的动力。

从服务业的发展来看，大致会经历四个阶段。第一个阶段是工业化初期阶段，服务业的主导是交通、运输、邮电等传统服务业，这些产业为工业生产提供必要的辅助服务；第二个阶段是工业化中期阶段，在这一阶段除了此前的交通、运输、邮电等，金融、保险等行业也得到较快发展；第三个阶段是工业化后期阶段，由于制造业规模扩大，国际竞争加速，企业内部的服务项目不断分离，广告、咨询、调查、中介、营销等商业服务业发展较快，同时生产性服务业内部结构不断调整，研发设计、电子商务、移动增值等新兴业态开始出现并加速发展；第四个阶段是后工业化阶段，高技术产业成为支撑，金融服务、商业服务得到快速发展，科技研发、信息服务、教育培训等现代生产性服务业崛起，成为社会经济的主导产业。

服务产业融合互联网后会带来两个方面的变化。一是利用互联网技术改造传统产业，减少了传统产业各环节沟通成本，重新调配各环节的资源，使之可更快、更有效地适应市场环境的变化；二是通过大数据分析，发现新的市场机会，形成新的产品或服务，创造出新的产业。第三产业作为服务类型业务为主的综合性产业，以充足的开放性和多样性，在“互联网＋”时代将呈现出最为丰富的产业发展状态。

商业流通服务行业

商业流通服务行业主要是为第一产业、第二产业生产提供商品交换和金融服务的服务行业，包括生产过程的辅助性服务业，如保管、搬运、包装等；交换性服务业，如商业的销售、结算等；金融服务业，如银行、保险、证券和期货等。

互联网是迄今为止人类社会信息处理成本最低的基础设施。互联网天然具有的全球开放、平等、透明等特性使得信息、数据在工业社会中被压抑的巨大潜力爆发出来，转化成巨大的生产力，成为社会财富增长的新源泉。

流通服务业与互联网深度融合，商业模式从买卖差价升级为集合资金流、信息流、物流等生态链服务模式，从消费终端朝产业互联方向发展，最终实现流通企业的升级。

在这方面，互联网电子商务巨头阿里巴巴是当之无愧的行业标杆。淘宝网作为架构在互联网上的商务交易平台，促进了商品供给、消费需求数据、信息在全国、全球范围内的广泛流通、分享和对接，实现 10 亿件商品、900 万商家、3 亿消费者的实时对接，形成一个超级在线大市场，极大地提高了中国流通业的效率，释放了内需消费潜力。

通过构筑电子商务集团、智能物流骨干网、蚂蚁金融服务集团三大支柱，并以阿里云和大数据平台为支撑，阿里巴巴成功地营造出信息流、物流、资金流“三流合一”的产业生态。离开了以互联网为基础的全流程服务链模式，很难想象阿里巴巴将如何应对 2015 年“双 11”高达 912 亿元的庞大交易量。

互联网使流通服务可以跨越时空，网络购物、广告、租车等网络消费兴起，线下实体门店经营模式受到严峻挑战。以万达、沃尔玛为代表的传统百货零售企业遭遇关店潮，被迫转型，随着以淘宝、京东为代表的电商逐步规模化、平台化，品牌影响力植入人心，很多线下实体店成为鸡肋，未来很有可能成为电商的体验中心或者仓储场所。

INTERNET BUSINESS ECOSYSTEM 网酒网“双11”突破3 000万元，乐视生态实力渐显

2015年“双11”之战已落下帷幕，乐视控股网酒网在产品销售、用户增长量、生态协同等方面斩获傲人成绩。网酒网官方数据显示，“双11”当日全网最终以销量超60万支、销售额破3 000万元告捷！其中，拉菲酒庄系列单日销售破15万支，打破天猫拉菲系列产品销售记录。在产品销售及营销导流方面，与乐视多个业务单元密集“生态化反”，助推乐迷囤酒狂潮！

与众多电商“自嗨”不同，网酒网协同乐视生态为消费者奉上狂欢饕餮宴。购酒送乐视周边产品，“双11”当天，网酒网为幸运消费者送出乐视超级电视S40、乐视TV MAX70、智能手机乐1等大礼。生态产品惊艳亮相，生态协同全力回馈。

依托乐视生态，网酒网协同乐视网、乐视TV、乐视商城等多个部门，打通PC、Pad、手机、电影屏幕、电视机多屏入口，形成PC端、TV端、移动端、LePar四端联动，实现全场景触达的生态营销体系。

硬产品、低价格、强生态，网酒网除了“双11”大促，还对品质化生活消费市场抱有极大的野心。自2011年建立以来，网酒网坚持以消费者价值为先，在进口酒水品类、生态体系建设和

生态跨界协同上形成了领先于其他酒水垂直电商的差异化优势。随着生态化反的逐渐深化，网酒网将强化进口酒水产品并扩展产品服务品类，未来或以生活消费角色服务于数亿乐迷。

资料来源：《乐视网酒网双十一斩获 3 000 万　生态实力渐显》，网易，http：//money.163.com/15/1113/15/B8AFKHID00253B0H.html，2015－11－13。

生活服务行业

这类服务行业主要是提供物质和精神生活消费产品及服务，用于满足消费者生活中的各种需求，广义的生活服务行业包括金融保险业、房地产管理业、公用事业、居民服务业、旅游业、信息咨询服务业和各类技术服务业等。

由于消费者行为的变迁以及移动互联网的冲击，传统生活服务行业正面临巨大的考验。由于互联网解决了信息沟通不对称问题，移动互联网解决了资源配置的地域不均衡问题，过去依赖于信息不透明、渠道不透明和做简单信息中介传递的传统服务业，以及依赖于特定地域的传统服务业，在互联网的冲击下都将逐步消亡。

2013 年开始，国内经历了实体店的关店大潮和商业集中化，众多生活服务企业开始全面拥抱互联网。旅游服务业方面，艺龙成为了酒店的代名词，携程已经抢走了旅游市场的大蛋糕。

互联网和旅游业的相互融合，使得传统旅游商业生态正掀起一场巨大的变革。旅游信息的海量增长以及旅游大数据时代的到来，使得“互联网＋旅游”成为旅游业发展的趋势。随着携程、去哪儿、途牛等在线旅游公司的兴起，客户资源逐渐向线上转移。中国国旅、中青旅等大型传统旅游公司也积极探索向线上延伸的道路，纷纷建设自己的电子商务平台。旅游行业和互联网行业呈现出线上线下（在线旅行社（OTA）模式）互相融合渗透的趋势，企业间在资源整合、品牌推广、服务体系构建等领域开展激烈竞争。

INTERNET BUSINESS ECOSYSTEM 阿里旅行与微博联手，打造旅游生态平台

2015 年 10 月 15 日，阿里旅行与微博宣布战略合作，实现从内容到产品等多层面深度互通，借助阿里旅行的平台能力和微博强大的内容数据共同打造国内最大的旅游生态平台，为用户提供更精准的个性化旅游产品和服务。

作为国内领先的综合性旅游出行服务平台，阿里旅行汇集超过 200 万旅游商品信息，其中包括 20 余万家酒店客栈和超过 500 家航空公司及国际航空运输协会（IATA）认证代理商，为商家连接淘宝系 3.5 亿活跃用户。在阿里旅行背后，是阿里系的“最强势能”组合——芝麻信用、支付宝、花呗、阿里云等。此次阿里旅行和微博的战略合作，是强大的旅游服务平台数据与强大的旅游内容平台数据的深度融合。这种融合不仅能更精准地沉淀出用户在旅游上的痛点和需求，而且能引导建立立体的旅游生态体系。

资料来源：《阿里旅行与微博联手　打造国内最大旅游生态平台》，中国

经济网，http：//www. ce. cn/cysc/tech/gd2012/201510/16/t20151016_6725977. shtml，2015-10-16。

搬家、洗衣、洗车、美甲等传统本地化生活服务业由于需求频次低，本地服务业公司提供的多是非标准化服务，业务大多局限在本地市场，难以形成规模化。

而基于“移动互联＋基于地理位置的服务”的 O2O 服务新模式，使得服务需求方和服务提供方可以直接接触，减少了中间环节，让一切生活服务都可以到店、到家、到人，传统生活服务业大规模去中介化的背后是移动互联网对于生活服务资源的重新配置和组合，必然会引发整个生活服务产品和商业体系的变革，而这种改变正逐渐渗透到各个生活服务领域。

INTERNET BUSINESS ECOSYSTEM e袋洗：26年洗衣老字号转型 O2O

2013 年 11 月洗衣连锁企业荣昌上线 e 袋洗平台，e 袋洗（见图 5—1）最初以“99 元洗一袋”的方式颠覆了传统洗衣行业按件计费的模式，顾客只需通过微信/手机 App 掌上下单，将待洗衣物装进指定洗衣袋里（按袋计费，不限件数），预约上门取件时间，2 小时内有专门的取送人员上门取件。

e 袋洗改变传统洗衣行业洗衣时间与消费者工作时间重合、需要自主送洗等一系列痛点，通过互联网和社交媒体重新打造洗衣环节：洗衣服务标准化，顾客可按袋支付清洗费用，通过移动

图 5—1 荣昌 e 袋洗

资料来源：薄荷设计工作室。

终端预约，提供上门取送等私人洗衣服务，解决了顾客到干洗店洗衣停车难、送洗衣物交接时间烦琐、店面营业时间不能满足顾客取送要求等系列洗衣痛点。

如今 e 袋洗已从重模式洗涤平台转型，自身不再从事洗衣服务，而是开放接口和小区用户，与合格、优质的洗衣加工商进行合作，通过社会化协作（众包与外包），实现轻模式的 O2O 移动互联网服务。

e 袋洗通过云平台收集用户的特征数据，包括家庭成员组成、收入等，开始做用户消费行为大数据分析。与此同时，e 袋洗也在社区里提供一些新的服务业态，例如，e 袋洗发掘衣物取送人员的特征——他们可能会做饭，可能会照顾小孩或者会做清洁服务，从而形成新的服务形态。目前，e 袋洗的服务品类已经从洗衣增加到洗鞋、窗帘、奢侈品等。此外，e袋洗还会考虑接入第三方，作为家庭服务入口，打造一个社区互助或邻里共享平台。

e袋洗依靠移动互联网、大数据等手段重构传统洗衣业的商业模式，短短2年内先后获得腾讯、百度超过1亿美元的投资，目前拥有500万用户量，日订单量突破10万，至今已经开通16个服务城市，在互联网洗衣垂直领域市场，成功占据90%的市场份额。

资料来源：《荣昌：24年洗衣老字号的互联网改造》，新营销，http://www.newmarketingcn.com/archives/23079，2015-06-09。

家装行业曾被视为“最后一个没有被互联网触及的领域”，原因在于家装行业长节点、长价值链、产品链比较多、服务周期比较长等。从一页图纸到在建筑实体中的真实体现、家装过程的烦琐、物料供应的不可控、售后服务的艰巨让业主们焦头烂额，各种价格不透明、坑钱、工期拖沓、施工偷工减料等传统家装业的弊病和黑幕更是成为社会关注的问题焦点。家装服务业与互联网融合普遍被视为破解行业痛点的最佳方式。

INTERNET BUSINESS ECOSYSTEM 颠覆传统家装，屋牛电商欲重塑家装产业价值链

屋牛电子商务有限公司成立于2014年，是网筑集团全资子公司。由绿城电商发展而来的网筑集团通过“三位一体”的业务战略，打造了基于互联网的建材产业生态圈。

所谓“三位一体”，是指网筑集团旗下的绿城电商、屋牛电商及仟金顶三大公司，在集团化管理下协同发展，提升综合竞争力：绿城电商专注B2B，为工程客户提供透明、高效和低成本的解决方案；屋牛电商专注B2C，为消费者个体提供一站式家装服务解决方案；仟金顶利用互联网技术为供应链提供金融解决方案，促进供应链各环节流畅运转。

屋牛电商新产品将环保和智能化作为全屋标配，以基础产品和升级产品灵活组合的方式，实现了消费者对装修的个性化和人性化需求。供应商通过与屋牛电商的紧密合作，实现了服务过程和业务流转环节的高效协同。作为负责标准输出和开展施工培训的“牛匠堂”，针对家装公司及家装行业从业人员提供专业化、标准化的设计制图、施工工艺、项目管理和客户管理培训，在为他们增加实际收入和提升市场竞争力的同时，也重塑了家装行业的整体信誉。屋牛电商还推出招募创业伙伴的“牛棚计划”，通过以家为入口的家装全生命周期平台，对接智能家居、生活服务、智慧社区、家装服务、家具建材等领域的创业者，打造泛家居生态圈。

资料来源：《屋牛电商：互联网家装平台“慢”扩张》，网易，http://money.163.com/15/1106/05/B7NC6SOG00253B0H.html，2015-11-06。

社会服务行业

社会服务行业主要是指提高科学文化水平和居民素质的服务行业，如文化教育、电视广播、科学研究、健康卫生、体育和社会福利事业等。

在我国“十二五”规划中，文化创意产业被提到战略性产业高度，文化产业正在成为中国经济新的增长极，未来相当长的一段时间内将是文化产业发展的“黄金时期”。来自国家统计局的数据显示，2013 年我国文化及相关产业的增加值超过 2 万亿元。根据国家新闻出版广电总局的统计数据，2015 年中国电影总票房达到 440.7 亿元，是世界第二大电影市场。

作为一个极具高附加值的产业，电影不仅为市场自身创造了经济财富，还通过专利授权，在和大型娱乐主题乐园、旅游、商业演出、玩具、时尚生活用品的对接中，形成了一条极具魔力的电影衍生产品线和电影工业产业链，成为以创意产业为主导的服务行业经济发展的强大引擎。

影视文化与互联网的融合已是大势所趋，互联网公司不仅为影视行业带来雄厚的发展资金，为融资、营销、发行和后期制作提供配套服务，互联网思维还深度影响传统电影的制作、发行、放映以及衍生产品开发机制，催生电影行业的革命。

传统影视行业与观众密切相关的互联网革命始于网络购票。由于网络购票的价格优势和方便快捷，其所占份额从 2012 年的 10%逐年递增，2015 年已达 50%。互联网企业对电影业发行、营销深度介入，通过高额保底、网络预售等方式，成为电影事实上的发行方。在这场合作中，互联网企业看中的是资本市场上估值溢价的收益，以及网络售票催生的流量、用户等相关衍生业务和后续收益。同时，互联网化模式降低了发行成本，因而可以对消费者适度让利。而为了吸引消费者选择网络购票方式，网络公司甚至采用免费发行、贴现发行的手段，以激发观众的观影热情，促进电影营销的循环。

互联网不仅改变了电影发行模式，也给电影生产方式带来了巨变。比如，在电影项目立项阶段，制作方加入了对观众需求的数据分析。电影《小时代》的创作中就采用数据定位观众和影片风格，通过分析原著小说《小时代》在文学网站上的点击量，定位影片未来观众群，围绕受众人群特点，组织电影创作和营销发行；同时采用社会化营销、App 和线下体验导航、导流，在电影产品与消费者之间建立全方位的联系，将潜在观众导入影院。

互联网还改变了电影的放映方式。多家互联网视频公司已开始了网络院线的尝试，通过会员或单片购买的形式，拓宽电影发行及盈利渠道。网络院线通过网络点击付费，与电影片方分成，为大量无缘与观众见面的小成本、小众影片进入公众视野提供可能。乐视影业还提出数字屏幕、手机屏、Pad 屏、PC 屏和乐视超级电视的家庭点播“五屏联动”影视内容服务规划，这一颇具前瞻性的概念令人期待。

INTERNET BUSINESS ECOSYSTEM 爱沐电影：O2O 电影社交平台

随着年轻观众更加注重影院服务细节、体验以及个性化需求的迅速崛起，私人影院逐渐成为年轻人追求生活的表现，更有企业用私人影院作为陌生人社交的切入，将私人影院跨界成为交友平台，传统影院产业的价值变革正在加速。

成立于2013年10月的爱沐电影目前已在广州、株洲、湘潭、怀化、无锡、娄底拥有8家连锁私人影院实体店，从以往的运营数据来看，爱沐电影单店投资150万元，第一个月即可盈利，10个月可回本，盈利能力十分强劲。

爱沐电影通过线下以小包厢大片库的方式提供私人观影空间，线上以小圈子大平台的方式打造兴趣社交平台，解决了传统电影院普遍存在的社交功能弱、放映时间固定、影院观影体验差三大痛点。

参照豆瓣、Mtime时光网、影评网等社交型影评、交流网站，爱沐也将打造类似的电影社交平台，推出微电影拍摄、男神女神影评榜等类型的功能。爱沐未来还将进一步打造私人电影院领域的O2O社群，以陌生人社交为线上、线下发展方向。

资料来源：《股权众筹，让一家叫爱沐电影的火了!》，项目网，http：//www.xiangmu.com/news/5809317x.html，2015-07-13。

基于我国海量的人口基数和消费者日益增长的文化体验需求，文体行业无疑是未来10～20年经济增长的一个有力支撑点。体育产业本身是一个文化创意产业，产业链从最上游到最末端延伸得非常长。无论做体育电影、体育赛事传播，还是体育旅游、体育培训，利用互联网都可以增强消费者和体育资源之间的连接能力。

伴随着娱乐行业在过去10年的快速发展，体育行业无疑成为互联网下一个跨界的风口。

事实上互联网行业巨头们早已纷纷切入体育行业。2015年5

月腾讯宣布以 5 年 5 亿美元签下美职篮（NBA）网络独家直播权，8 月 PPTV 第 1 体育花费 2.5 亿欧元（约合人民币 16.85 亿元）购买 2015—2020 年西班牙足球甲级联赛中国地区独家全媒体版权。2015 年 9 月初，阿里巴巴集团宣布成立阿里体育，正式全面布局体育产业。乐视体育在赛事版权方面重金投入，实现平均每年4 000 场的赛事直播。

除了对体育项目的切入和赛事版权争夺，另一个行业现象就是，互联网公司开始加速全产业链布局，构建生态圈。

INTERNET BUSINESS ECOSYSTEM 乐视体育的野心：50 亿打造垂直生态

乐视围绕赛事运营、内容平台、智能化终端以及增值服务打造基于体育的垂直生态链，而优质的内容是乐视体育最核心的竞争力。乐视打造的内容分为赛事直播、节目生产体系、新闻生产体系和基于内容的大数据服务，其中，赛事是最核心、最顶端的资源。目前，乐视已经投入重金购买了美职篮、一级方程式锦标赛、包括英超在内 18 个区域足球联赛等国内外顶级赛事的版权，共计 200 余项比赛、10 000 多场版权赛事直播，项目涵盖欧冠、英超、意甲、意大利杯、西甲等顶级资源，以及一级方程式锦标赛、高尔夫、网球、搏击、自行车等中小众市场资源。

围绕赛事，乐视体育将推出彩票、游戏、培训、赛事、电商以及旅游等多种周边生态产品。在游戏分发方面，乐视体育将打造中国第一体育游戏分发平台，并借助资源进行知识产权（IP）

合作、引进等。在电商板块，将依托乐视商城搭建垂直体育板块，包括线下看比赛的门票、体验虚拟体育等。此外，还将和国内外顶级赛事俱乐部合作，将授权产品引入乐视体育商城。

在乐视的互联网体育生态体系中，以“体育＋互联网”为核心，可以辐射至旅游、文化、传媒、医疗、教育等领域。2015 年 11 月 17 日，乐视体育文化产业发展有限公司和北京鸟巢文化创意交流有限责任公司共同发起设立鸟巢乐视体育文化产业基金，基金管理规模为 50 亿元，成立后将全方位加速互联网体育商业生态系统的培育，成为体育产业价值提升的务实推动力量。

资料来源：《乐视体育的野心：打造垂直生态力推付费节目》，腾讯，http：//tech.qq.com/a/20140821/036973.htm，2015－11－21。

随着我国社会老龄化问题日趋严重，以及医疗保险覆盖面日益扩大，我国医疗卫生总体费用占国内生产总值的比重逐年提高。国家卫生部公布的数据显示，2013 年我国医疗产业约占国内生产总值的 5.1%，而美国高达 18%，其他主要欧美国家都在 10%左右。目前我国的医疗市场规模只相当于美国医疗市场的 6%，如果达到美国市场的水平，将有 17 倍的提升空间。近年来，政府实际卫生支出占财政总支出的比例不断提升，根据卫生部 2012 年发布的《“健康中国 2020”战略研究报告》，2015 年政府实际卫生支出占财政总支出的比例要达到 8.0%，2020 年要达到 11.0%。

要真正解决目前普遍存在的“看病难、看病贵”等问题，实现“人人享有基本医疗卫生服务”的目标，大力发展“移动医疗＋互联网”有望改善医疗卫生现状。

网络普及率的提高、移动互联网的发展、手机等智能硬件的普及使得互联网医疗的可覆盖人群大幅增加。传感器技术，以陀螺仪、压力传感器、温度传感器、麦克风为代表的微机电系统（MEMS）传感器技术的快速发展，越来越适应移动设备/可穿戴设备的技术需求，也是移动医疗发展的重要推动力量。

互联网医疗将优化传统的诊疗模式，为患者提供一条龙的健康管理服务。在传统的医患模式中，患者普遍存在事前缺乏预防、事中体验差、事后无服务的现象。而通过互联网医疗，患者有望从移动医疗数据端监测自身健康数据，做好事前防范；在诊疗服务中，依靠移动医疗实现网上挂号、询诊、购买、支付，节约时间和经济成本，提升事中体验；并依靠互联网在事后与医生沟通。

互联网医疗的兴起必将为互联网企业提供更多向健康医疗管理领域进行业务延展的机遇，医疗行业原有领军企业的地位可能被撼动，行业生态格局也将发生巨变。

在市场格局方面，互联网医疗行业仍处于初步发展期，用户规模相对其他领域尚较小，市场集中度不高。百度、阿里巴巴、腾讯、平安先后出手互联网医疗产业，它们利用各自的优势，通过不同途径实现着改变传统医疗行业生态的梦想。

INTERNET BUSINESS ECOSYSTEM 平安好医生：平安集团加速布局互联网医疗

目前大部分移动医疗应用主要集中于预约挂号与问诊资讯两类产品，其中，2015 年 4 月正式上线的中国平安集团旗下的“平安好医生”集“家庭医生、名医问诊、健康社区、健康评测、健康习惯、健康档案”六大特色服务于一体，为用户提供一站式健康咨询及健康管理服务。

众所周知，制约移动医疗行业发展的因素除了核心资源难以获取，用户对于传统线下诊疗模式的高度依赖也使得行业前进掣肘重重。

平安集团以“平安好医生”作为流量入口，首次全职招募、自建医生团队，为用户提供全天候的即时在线咨询与家庭医生服务，同时对接万家诊所、日间诊疗中心等多模式线下医疗机构以及覆盖全国多城市的医药网点，满足进一步就医问诊、购药配送需求。“平安好医生”还利用平安保险业务天然的支付方角色，将控费进行到底，意在打通从前端疾病预防、事中就医控费到后端康复回访的全生态链条。

掌握核心医疗资源，加上背靠平安集团 8 000 万的保险用户以及强大的资本运作能力，“平安好医生”或许会率先走通移动医疗的荆棘路，完成互联网医疗战略的布局。

资料来源：《平安好医生发力在线问诊　用户覆盖率领跑移动医疗应用》，网易，http：//news.163.com/15/0608/12/ARJA0KDG00014AEF.html，2015－06－08。

社会公共服务行业

社会公共服务主要是为满足社会公共需要的服务，包括政府的公共管理服务、基础教育、公共卫生、医疗以及公益性信息服务等。

近几年随着互联网的迅速发展，互联网已经由生产、消费领域向民生、服务领域拓展，在移动政务领域，由于互联网＋的介入，政务互联网化无疑也将加快构建服务型政府的进程。

“互联网＋政务”，不是简单地将传统的政府管理事务原封不动地照搬到互联网上，而是在流程优化的基础上，用全新的方法和程序去完成原有的政务工作，以此再造行政流程和管理体系，撬动行政管理和服务流程的创新。

“互联网＋政务”的突破口在于将传统的电子政务建设与应用模式转变为在线化、平台化、一体化、集约化，从基础架构、功能应用到服务模式实现真正的互联网＋的转变。在这一点上，政务协同打破政府部门的条块划分，突破地域、层级和部门限制，为政府业务流程的重组和优化提供全新的平台，使得提供更完备、全面、无边界的政务服务成为可能。

INTERNET BUSINESS ECOSYSTEM

云上贵州：国内首个“大数据＋云”政务平台

“云上贵州”作为国内首个以“大数据＋云平台”为基础的政务项目，自开展以来就得到了广泛的关注。贵州省电子政务网平台，是以“互联网＋电子政务”工作的理念，通过应用互联网、云计算、大数据、移动互联等新信息技术，对政府的管理模式、业务流程进行创新优化和集成整合，提升科学决策、科学管理、公共服务水平，促进政府治理现代化，提升政府治理能力。

政务平台现已开通了各级各部门信息共享门户 4 573 个，实现了省级政府组成部门 100%全覆盖，省、市、县三级政府 100%覆盖。截至 10 月，注册人数达 7.7 万余人，全网发布工作事项 47.8 万余项。

资料来源：《中国电子政务研讨会在湖北恩施谢幕》，河北新闻网，http：//house.hebnews.cn/zt/2014/2015-11/26/content_5187607.htm，2015-11-26。

过去十年人们看到的是商品销售的互联网化，标准化产品通过电子商务获得巨大的成功。而未来五到十年是中国专业服务领域互联网发展的黄金机遇期。任何一个国家，实际上标准化商品在整个社会经济发展里所占的比例都是比较少的，服务业才是国家经济的支柱。

我国国家战略层面对服务业的全面扶持，从服务业整体发展的战略规划到各个细分行业的专署行动，大大小小的扶持政策几乎没有间断。近年来陆续出台了家庭、养老、健康、文化创意等服务业发展指导意见。从国务院印发《关于推进“互联网＋”行动的指导意见》到商务部制定《“互联网＋流通”行动计划》，这些国家政策都将持续利好服务企业转型升级。另外，“一带一路”的国家战略也为服务企业拓宽了发展空间，为服务企业走出去提供了绝佳的机遇。

企业不仅要关注行业内的竞争，更要重视平台竞争和跨界发展，积极构建生态圈。如果无法建立自己的生态系统，像洗车 O2O “我爱洗车” 10 个月败光 500 万元的这样重金投入互联网服务行业、靠融资烧钱的创业失败案例还会越来越多。

移动互联网时代传统的产业链条、服务链条、价值链条都将重构，制造企业由提供产品向提供整体解决方案服务转变，服务企业将利用现代科技提供更为专业的服务。产业分工的变化将带来组织结构的变革，传统服务行业企业必须改变既有的战略思路，积极融合互联网，打造集信息流、物流、资金流于一体的生态链。

尽可能掌控服务业资源、多元化经营、构建行业生态体系已经成为大多数行业领先企业的战略趋势，这以 BAT 为核心的互联网巨头为典型代表。仅在 2014 年上半年，阿里巴巴就陆续并购或入股了中信 21 世纪、1stdids（美国奢侈品购物网）、高德软件、文化中国、银泰百货、优酷土豆、新加坡邮政、恒大足球俱乐部、UC 优视、《21 世纪经济报道》等企业，加上之前布局的行业，其业务范围已涉及电商、社交网络、物流、金融、旅游、导航、视频娱乐、医疗、教育、文化、体育等众多领域，将触角伸至服务业的各个角落，多元化的服务生态体系已然形成。

而从服务业的发展来看，服务企业的商业模式逐渐由交易服务阶段、信息服务阶段过渡到资源整合阶段。互联网提高了企业获取外部资源的便利性和经济性，模糊了传统的产业边界，对企业发展战略提出了更高的挑战，服务企业的竞争战线已经由行业内扩展至行业间，很多传统大企业被跨行业竞争者以出其不意的速度、方式击败，微信对传统电信企业、乐视对传统电视企业的冲击正是最有力的注脚。因此未来传统服务行业企业的成败在于，能否打通行业壁垒，汇集平台优势，整合相关资源，做大产业格局，建设完整的生态系统。

INTERNET BUSINESS

ECOSYSTEM

Refactoring Business Rules

第六章

互联网传媒业生态

2014年8月18日，中央全面深化改革领导小组第四次会议审议通过《关于推动传统媒体和新兴媒体融合发展的指导意见》，宗旨是“推动传统媒体和新兴媒体融合发展”。融合的原则是“坚持先进技术为支撑、内容建设为根本”。融合的路径涉及内容、渠道、平台、经营、管理等多个方面。

我国政府前所未有地将文化媒体发展议题作为深改组核心焦点，凸显高层促进文化产业改革发展的决心与力度，政策的出炉势必将对我国现有传媒产业格局产生深远的影响。

当下传统媒体经营的现实困境，已经不能简单归结为互联网新媒体的影响，而是这场以生产力水平提高为标志的信息技术革命，带来的互联网产业发展对传统行业的深度冲击，进而引发生产关系和社会关系的深刻变革。

在这场变革中，传统媒体首先受到冲击，新技术、新媒体层出不穷，如今又延伸到商业模式的颠覆。

互联网传媒业生态的变局

媒体去中心化

最开始信息传播依靠人们的口口相传，传播效率低、范围小，而且极容易产生信息偏差；随后，纸张作为新的媒介，主要承载文字信息进行传播，报纸杂志也可以承载一部分图片信息，但报纸从新闻获取到编辑、排版、印刷经历的漫长过程大大影响新闻的时效性。

广播则是口口相传的进阶版，将信息传输速率提升到了极致，但仅有声音，容易引起歧义，从而影响准确性；电视出现之后，文字、图像、声音全方位的信息传递，极大提高了信息准确性，但电视的频道有限，且用户不能随心所欲地选择自己想知道的信息。

互联网的出现打破了这一瓶颈，门户网站和垂直媒体在内容方面给了人们更多的选择，但这一阶段的问题是新闻阅读场景受限；移动互联网的出现终于将之前各个传媒的不足一一解决，在保证新闻的时效性和准确性的同时，将用户从电脑、电视屏幕前解放出来，随时随地获取新闻资讯的新媒体时代到来。

随着新媒体、新应用迅猛发展，微博、微信、客户端逐渐做大，非正规舆论场的完整化与系统化构建日趋完善，传统媒体的信息直接抵达受众愈发困难。目前，商业化的新浪、腾讯、搜狐、网易等网站以及今日头条这样的商业性新应用已经是事实上的媒体巨头；大量的非媒体机构也正以网站和微博、微信、客户端的形式形成越来越强大的发布吸引力；以个人为主体的海量微博、微信账号正在探索传播交流的种种可能性。

在新媒体时代，信息的传播过程中个人越来越扮演着重要的角色，每个人都具有信息的接收者、传播者、生产者等多重属性。人作为社会关系和生产活动的基本单位，不仅连接人与信息、人与服务、人与人，更开始成为一个个信息发散中心以及资源连接节点。

进入新媒体时代，随着媒体去中心化、信息过载以及受众赋权等趋势的发展，消费者对信息由过去的被动接受，开始变为主动搜索，他们不再记忆复杂信息，而是自主获得信息；同时，消费者也一改过去只依赖自己大脑中存储的有限的知识和印象做决策的习惯，开始有意识地利用和互联网无限信息的联结，来与外脑共同决策。

而新媒体的重要意义则明显起来，如何挖掘每个人在不同场景下所具备的节点价值，成为每个新媒体不断探索和追求的目标，也是新媒体时代的媒体扩充影响力和提高商业价值的必要条件。

传统媒体时代和互联网数字时代的媒体区别如图 6—1 所示。

传播媒介多元化

在传统广播式传播格局中，媒体机构居于中心位置，对传播内容拥有绝对的控制权，虽然媒体也要考虑受众的感受和与受众进行互动，但主动权始终掌握在传统媒体手里。

而新媒体时代，微博、微信等都是在网络平台上，通过普通用户聚集形成传播空间，其传播理念、内容偏好、传播方式、关系结构等都是在用户较为自由的传播中自发形成的，在很大程度上逆转了过去由媒体主导的传播格局。

互联网媒介功能对传统媒体是完全替代关系，而不是互补关系。互联网媒介能够承载文字、视频和音频等所有的新闻生产方式，而且传播的效果更好，也更为便捷、及时和快速。

传统媒体时代：媒体中心化	数字时代：媒体去中心化
单向传播 大媒体和大品牌控制整体沟通	受众赋权 社交媒体和工具让人人都是媒体
被动接受 消费者接受传播后在大脑记忆，并带到决策场所	主动搜索 消费者不再记忆复杂信息，只需知道如何找到信息
信息相对缺乏 详细信息是稀缺的，获得成本较高	信息过载 信息过度丰富，选择困难
内脑决策 消费者以自己大脑中存储的有限知识和印象做决策	与外脑共同决策 和互联网无限信息的联结，做出更合理的决策

图 6—1　传统媒体时代和互联网数字时代的媒体区别

资料来源：薄云借智。

移动互联网下的新兴媒介、媒体都呈现出多元化趋势。在除手机之外的智能终端选择方面，有超过一半的用户表示会通过智能家电来获取内容。此外，智能手表、智能手环、智能眼镜、头戴设备等占比还比较低。

随着未来整个智能家居生态系统的布局，人们获取新闻信息的渠道也会逐渐多样化。同时因为不同终端可接收的内容形式有所差异，所以内容中视频、音频、图像、文字相互结合，以求更好的未来用户体验。而在这些智能设备的监测和协助下，人们不但担任了内容传播节点的任务，同时大量及时的数据反馈也为媒体内容选择与推送指明了方向。

中国互联网用户平均每天接触媒体的时间如图 6—2 所示。

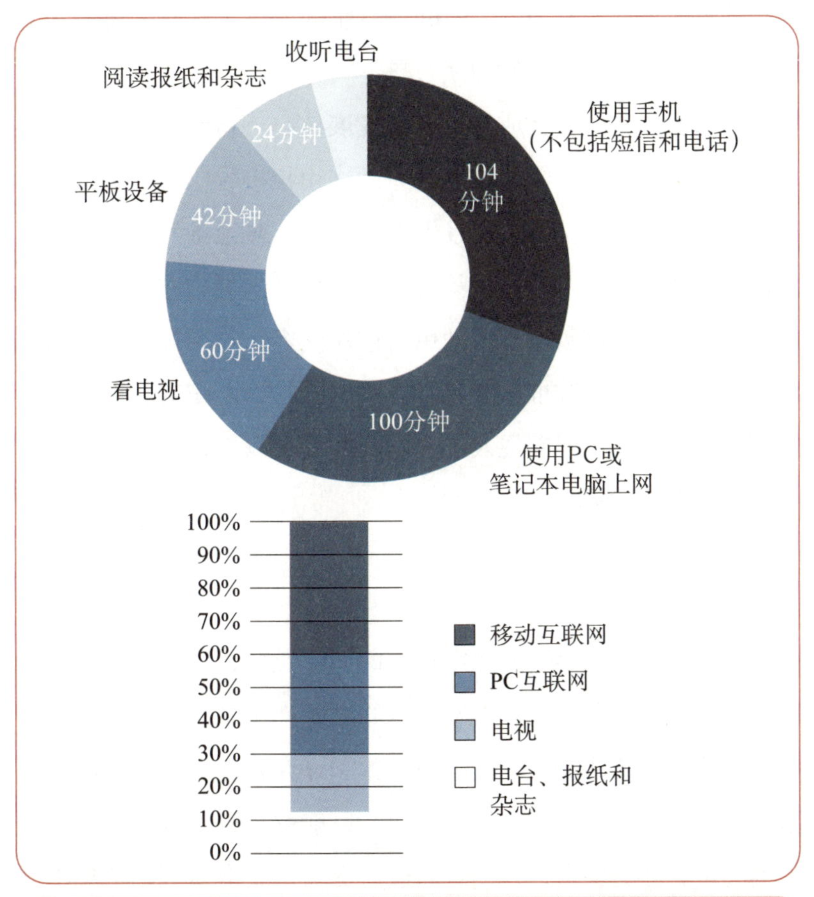

图 6—2 中国互联网用户平均每天接触媒体的时间

资料来源：薄云借智。

未来媒体的传播还要考虑到用户的个性化场景，每个人在不同场景下具有不同的属性，而不同的场景对应的则是不同的入口。时间、空间、情感、社交等多种个性化的场景将会被定义成不同的入口，能挖掘出不同的商业价值和媒体传播价值。比如晚间是移动设备使用率最高的时间，舒服的场景下视频内容的播放率更高，不同地域的人们阅读习惯不同。

未来智能终端将会成为媒体的发展核心。智能可穿戴设备将每一个个体接入到互联网中。一方面，用户接收信息，智能可穿戴设备被用做分发渠道，而且由于智能可穿戴设备的功能日益强大，人们获取新闻内容的体验也将得以提升。另一方面，用户上传信息，智能可穿戴设备帮助用户创作内容、对用户的行为习惯进行监测分析并精准推送内容。物联网时代，用户变成了一个个内容收发节点，不但实现人与人之间的社交属性，还同时增强人与物之间的传播关系。

传播渠道社交化

社群作为近几年来关注度较高的一个领域，其媒介属性和媒体属性逐渐被挖掘出来，小米手机的案例让更多人看好社群经济和社群的媒体传播属性。社群的媒体和媒介属性得以发展的重要原因之一，在于社交平台的媒体化。目前微信成为人们获取新闻内容的主要社交平台，人们对通过社交平台获取新闻的依赖程度逐渐加深。

当拥有相同兴趣和相同条件的人在社交平台上聚集，形成社群后，社群本身就具有了较强的产生内容和传播内容的能力。社群可以是基于兴趣、行为、关系、地域、产品等因素聚合成的，在不同的维度上扮演着信息传播的重要角色。

很多互联网用户加入社群是为了获取自己所需要和感兴趣的信息，随着互联网社群数量的逐渐增加，不同层面不同属性的社群已经成为公共信息和意见的重要传播媒介，社群也成为个人参与信息生产的主要方式。

传媒与互联网的跨界与融合

越来越多的非媒体企业跨界进入传统媒体行业，而媒体企业也不再局限于内容生产，而是融合其他行业。

随着传媒在人们生活的渗入程度不断加深，传媒行业与文化、广告印刷、信息通信技术（ICT）及电子制造、传统零售、物流、金融等行业的交叉融合也更加深入，产业触角不但向其他产业的上下游扩张，而且在新技术的引领下衍生出新的商业模式，进而推动传统行业与业务模式的变革。例如随着报业和广电集团的发展壮大，媒体开始进入物流及传统零售业。报业集团的发行团队组建独立的物流公司，电视台开辟出电视购物的新市场。

媒体进入数字时代后，网络成为重要的传播媒介，传媒关联产业的范围日益扩大。电子商务网站从最初的营销服务商转型为商业平台，改变了传统零售业格局；互联网电视使传媒企业涉足生产制造领域；财经媒体和 ICT 的结合开辟了金融信息服务市场；社交媒体与移动互联网的联姻正挑战着银行的传统存贷业务。

随着互联网的快速发展，传媒企业的主营业务构成将逐步调整变化，未来的传媒产业界限将更加模糊，产业边界的扩张不但能够促进传媒产业的规模化增长，还有可能改变整体经济发展的格局。这种结构性变化同样体现在中国传媒产业的发展过程中，新兴媒体的发展壮大也改变了中国传媒产业的发展格局。

平面媒体：主动拥抱互联网

面对 PC 互联网、移动互联网、视频媒体的强势竞争，作为最基本也是最传统的平面媒体产业，书、报、刊、户外等纸媒产业近年来可谓艰难前行。

2014 年有超过 30 家纸媒停刊或者破产，2015 年纸媒的业绩延续了 2014 年的大幅下滑，并有向更多报刊蔓延的趋势，广告业务作为报刊媒体的核心收入来源也面临量价齐跌的困境。根据央视市场研究股份有限公司（CTR）的数据，报纸广告在 2015 年上半年的花费和面积分别减少 32.1%和 33.9%。2015 年上半年传统媒体广告市场整体下降了 5.9%，这是中国传统广告市场同比首次下降。

面对报业广告市场的持续衰退，报业集团开始寻求转型革新的模式。浙报集团着力打造游戏产业，完成传统报业集团向新媒体的华丽转身；大众报业集团通过资本运作进行报业整合，在县域市场深耕细作，走出一条规模发展的道路；北青传媒通过社区报最大化挖掘媒体价值。报业集团转型正处于探索阶段，也无成功经验可循，抱团取暖成为安全的选择。

近两年，报纸和杂志都在主动融入互联网。澎湃新闻用另类的视角打造了一片互联网上的新闻领域，口碑与市场双丰收。上线一年的时间在百度安卓市场、360 手机助手收获了 171 万、88 万的下载量。

时尚类杂志 ELLE 早在 2013 年就推出了电子杂志 ELLEPlus，在内容上 ELLEPlus 不是将纸版内容上线，而是做了符合移动终端阅读的界面和内容，甚至有在线视频。纸媒向线上的频频努力与线下资源的缩减似乎呈正相关关系。对线上探索越发积极，就越会看到线上阅读的潜力，或许也就越会慢慢远离正在被受众忽视的纸质阅读市场，从纸质出版转型为数字化出版，建立用户黏性之后提供可以变现的增值服务。

电视媒体：发力互联网电视

新闻出版广电总局发展研究中心发布的《中国广播电影电视发展报告（2015）》显示，2014 年全国广播电视行业总收入 4 226.27 亿元，同比增长 13.16%，较 2013 年 14.26%的增幅下降 1.1 个百分点。作为广播电视主要收入来源的广告收入增幅明显收窄，2014 年增幅仅为 5.59%，比 2013 年降低了 3.6 个百分点。

新媒体的强大冲击力已经从纸媒延伸到电视。2012 年网络广告收入超越报刊，2014 年网络广告市场规模达 1 540 亿元，超过电视。网络广告市场的增长主要得益于垂直搜索和视频网络广告，技术和媒体成为网络营销的重要驱动力。

网络视听新媒体各业态快速发展，2014 年中国网络视听产业规模约 378.4 亿元，同比增长 48.8%，2018 年预计将达到 900 亿元。网络视频作为电影的后院线市场的重要性越来越明显，视频网站对于电影的价值将会得到爆发式提升。PC 网络视频以及移动网络视频将成为电影版权价值实现的重要通道之一。同时，随着观众收视习惯的改变，电视市场仍旧会复杂多变，收视行为网络化、移动化和社会化已是大势所趋。

在移动互联网时代，融合、跨界和多屏联动成为传媒行业发展的趋势，OTT 互联网电视（OTT TV，指基于开放互联网的视频服务）成为产业链各方发力的重点，传统广播电视已经在逐步走出封闭圈。广电行业外的电信运营商、互联网企业和设备制造商等已经开始涉足这个行业，屏媒体成为各方势力的角力场。2016 年 OTT TV 将成为占互联网流量 90%以上的主要服务产品形式；以高清、3D 为特色的 OTT TV 未来必将成为视听行业的主流发展趋势。

移动互联网新媒体：催化全产业链变革

如果说是互联网的发展导致了传统媒体的衰落，移动互联网则可能成为压垮传统媒体的最后一根稻草。随着智能手机的普及，手机不再是简单的通信工具，俨然成为重要的传播媒介。平板电脑、网络电视、智能穿戴设备也极大扩展了移动互联网传媒产业的发展空间。

移动互联网异军突起，其用户规模持续攀升，移动互联网用户在全体网民中所占的比例也由 2007 年的 24.0%上升至 2015 年的 88.9%（中国互联网络信息中心（CNNIC）数据）。移动互联网在用户使用时间上远远超越了广播电视、报刊图书等传统媒体，成为占据人们工作、休息之外闲暇时间的最主要媒介。

中国互联网络信息中心 2015 年发布的《中国互联网络发展状况统计报告》显示，2014 年中国在线视频移动端用户规模超过 3 亿，与 2013 年底相比增长 80%以上，移动视频用户的增长率远高于网络视频用户。伴随着在线视频移动端的快速发展，用户多终端、分时段、多场景观看在线视频的行为愈发普遍，移动视频流量加速变现，来自移动端的广告收入在整体广告收入中的占比持续上升。

2014 年，中国在线视频移动端广告市场规模占整体广告市场规模的比例为 21.1%，较 2013 年的 4.9%有明显提升。这主要得益于 2014 年部分在线视频企业开始全面进行移动端的商业化。

全球知名市场研究机构 eMarketer 的数据显示，2014 年中国移动广告市场规模较一年前增长超过 3 倍，达到 82.1 亿美元。多种宏观和微观因素（包括人口及文化）的影响推动了中国移动广告的发展。这些因素包括新通信基础设施建设，价格便宜但功能强大的智能手机的推出。未来移动媒体将成为中国最主要的网络广告媒体，10 年内中国将有一半的广告主使用移动广告。

国务院提出实施“宽带中国”战略，要大力发展数字出版、互动新媒体、移动多媒体等新兴文化产业，促进数字文化内容消费。这些政策利好将实质性地推动三网融合，促进包括 IPTV、手机电视、互联网电视等大视频业务的发展。

2014 年 4 月作为中国三网融合试点工作主体之一的国家级有线电视网络公司——中国广播电视网络有限公司正式成立，三网融合背景下的资源整合和行业重组也将拉开帷幕。

随着三网融合重启，PC 互联网时代的传输渠道将开始重构。电信运营商开始被虚拟运营商管道化，有线网络面临 IPTV 和 OTT TV 等传输渠道的竞争，整个传媒行业正在经历一场全产业链变革。

传媒+互联网的新商业模式

清华大学新闻与传播学院发布的《2015 中国传媒产业发展报告》指出，2014 年中国传媒产业总产值达 11 361.8 亿元，比上年增长了 15.8%（见图 6—3）。这一年既是中国传媒产业走向媒介融合的关键时点，也是传统媒体与网络媒体霸主地位交替的重要节点。中国传媒产业在调整中稳步前进，在融合中寻求发展。

2014 年中国传媒产业总产值首次超过万亿元大关，相较其他产业，传媒产业规模还比较小，对国内生产总值的贡献率仅为 1.5%，但近年来一直保持两位数以上的增长。2014 年在国内生产总值增长放缓的情况下，中国传媒产业年增长率仍小幅上扬，从 2013 年的 15.5%上升至 2014 年的 15.8%，超过国内生产总值增长率 1 倍多。

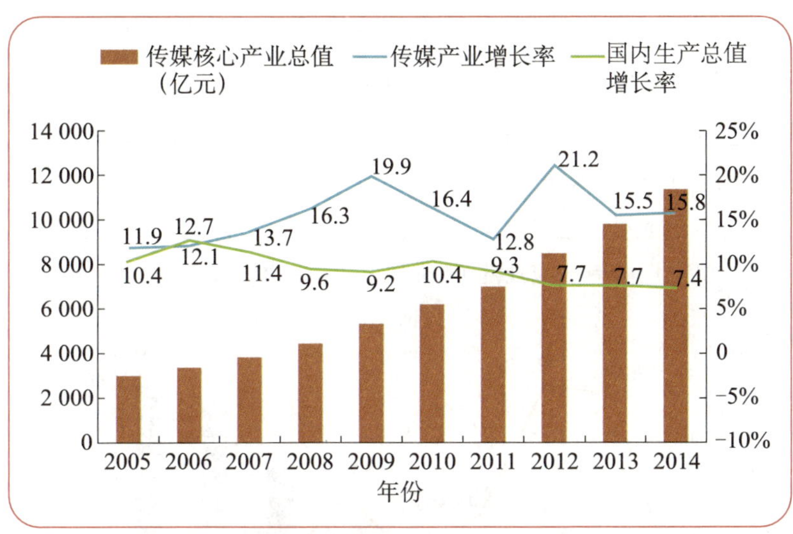

图 6—3　2005—2014 年中国传媒产业总产值

资料来源：《2015 中国传媒产业发展报告》。

移动互联网时代改变了传统媒体原有的广告收入市场份额。随着 4G 时代的来临，移动终端呈现井喷式发展，成为受众观看视频的主要手段。2014 年在线视频的用户使用率达到 69.3%，它将逐渐替代电视，而电视媒体广告收入的规模也在逐年递减。

平面媒体报刊的阅读率逐年下滑，并呈现出老龄化的趋势。虽然平媒做了多年的改革，但收效甚微，广告市场下滑趋势难以逆转。报纸广告收入继 2012 年出现 8%的下滑后，2013 年收入继续下滑，幅度为 6.8%。杂志广告收入也在 2013 年开始出现下滑，下滑幅度为 6.1%。2014 年报纸和杂志广告继续下滑，下滑幅度都超过 20%。

2013 年中国互联网广告市场规模首次突破千亿元大关，垂直搜索和视频成为最大亮点。交通、网络服务和房地产依然是网络广告市场三大主力行业，日化、食品、饮料、医疗、家电和酒类网络投资增长突出。2015 年中国互联网广告增长 36.8%，预计 2017 年市场规模将达到 3 190 亿元（见图 6—4）。

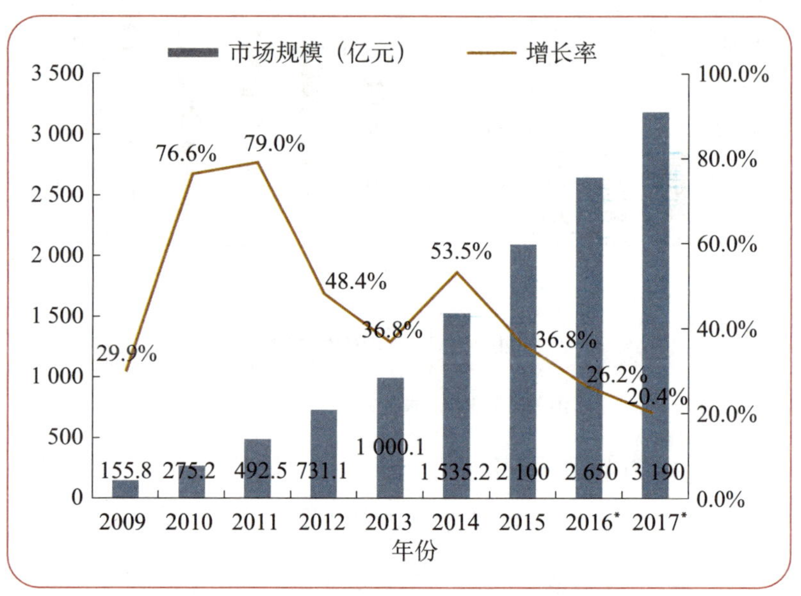

图 6—4　2009—2017 年互联网广告市场数据

* 预测值。
资料来源：易观智库。

中国互联网广告市场的规模化增长，一定程度上是由百度、视频网站等大媒体平台的增长带动的，主要原因在于搜索与视频的商业模式、营销形式最容易实现复制，通过流量实现营销收入的转化。而在未来，在经过 2014 年众多互联网媒体的商业化尝试后，新闻客户端、社会化等新媒体的广告业务将进一步提升。

尤其是在基于社会化媒体层面上的企业商业服务平台的搭建，实现营销与商务协同发展，将使传媒营销的价值进一步深化。

一方面是传统媒体的衰亡，另一方面是新兴媒体的崛起。与其说是互联网冲击了传媒行业，倒不如说互联网是传媒行业进化的契机。毋庸置疑，传媒行业将在移动互联网的渗透下，重塑一个充满活力的新模式（见图 6—5）。

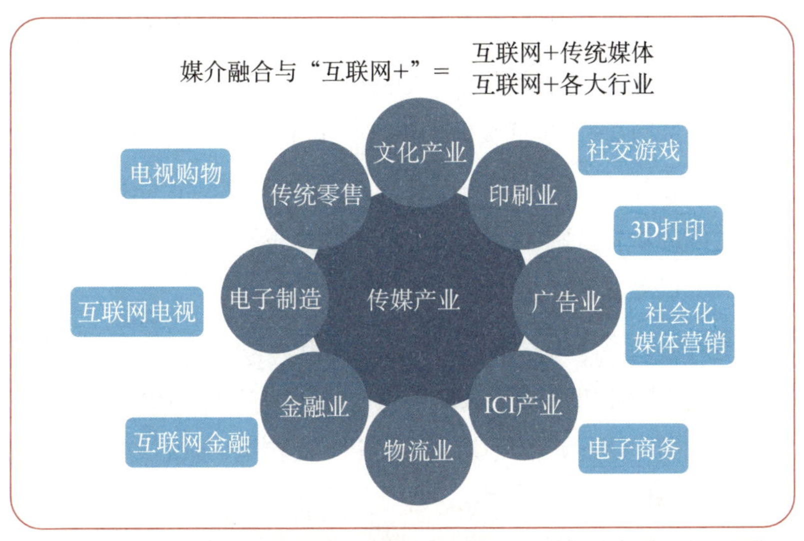

图 6—5　“传媒＋互联网”呈现的商业模式

资料来源：《2015 中国传媒产业发展报告》。

特别值得一提的是，互联网信息技术带动传统产业升级的影响已直接映射在产业增长上，新兴产业不断涌现，催生新的经济增长点。同时，传媒产业的结构性调整正在走向深化，互联网不但对传统媒体具有替代效应，也通过互联网＋的模式促进和改变着各行各业。

互联网传媒业的四大趋势

建立与用户的连接

传统媒体只有读者和观众等受众，从来没有过真正的用户。读者、受众等概念是互联网出现之前的概念，在传统媒体环境下，由于没有相应的技术或者成本太高，导致不能跟踪和分析读者、受众的数据、偏好和需求，难以真正了解、分析和洞察他们，自然也难以利用他们的需求来实现自身的商业价值。受众和用户之间的本质区别在于企业是否能够真正了解其每一个用户的各方面数据和真实需求。

当前传统媒体陷入困境的根源在于用户连接失效，主要表现为受众的不断流失导致二次销售商业模式的坍塌，进而导致商业生态的失衡。因此，传统媒体要真正实现转型，就必须重新建立与用户的连接。

传媒企业要想把受众转化为用户需要具备两个条件：一是借助移动互联网信息技术的升级，增强收集、存储和分析数据的能力；二是依靠大数据技术分析每一个用户大量的交流行为、搜索行为、阅读行为和交易行为等，掌握用户的真正需求。而要真正了解用户，既要实时在线又要基于大数据技术，唯有如此，才能积累起能够有效分析用户需求的数据量和合理的数据频度，也才能切实有效地知道用户的真正需求。

信息与用户需求的智能匹配

互联网时代的特点之一就是信息过载，单纯内容的价值被大幅稀释，未来的新传媒平台是基于大数据技术实现信息和用户个性化、定制化需求之间的智能匹配的信息资源平台，包括大数据信息资源收集存储、开放的内容采编和分发、用户画像、全媒介传播渠道、用户社群等。

平台可以通过信息资讯和各类服务来吸引用户注册和登录，并运用大数据技术对用户的关系和需求进行画像，通过对用户多层面、多维度地画像，可以更为准确地分析出用户个性化、精准化的潜在需求。

在此基础上，新媒体平台能够通过技术手段低成本地在信息和用户个性化、定制化的需求之间实现智能化匹配，这样更能满足用户的潜在需求，使得用户对平台上的信息和服务形成依赖和信任，这种高黏度能够有效地留住用户，达到用户沉淀的目的，进而重建用户连接。

INTERNET BUSINESS ECOSYSTEM 阿里巴巴入股第一财经，布局互联网传媒

第一财经是上海文化广播影视集团有限公司旗下的知名媒体品牌，旗下拥有第一财经电视、《第一财经日报》、第一财经广播、《第一财经周刊》、一财网等五大媒体平台，具有强大的专业分析和整合能力。同时既有电视、广播，也有报纸、期刊和互联

网等传播平台，其信息涵盖文字、音频和视频的所有信息形态，能够有效地满足用户需求。

而阿里巴巴是位于全球前列的商业数据公司，在交易、支付、物流、健康、文化等领域积累了海量的数据。此外，在阿里巴巴的平台上汇集了数以亿计的活跃用户和为数不少的高净值用户，这些用户需要高质量、个性化和定制化的金融信息服务，为这些用户提供高质量的金融数据服务的市场潜力巨大。

2015 年 4 月，阿里巴巴投资 12 亿元入股上海文化广播影视集团旗下的第一财经传媒有限公司。阿里巴巴和第一财经合作，发挥各自在传媒与大数据领域的资源优势，具备了实现信息智能匹配的可能，以海量的大数据资源为支撑，把数据转化为个性化、定制化的金融信息，将实现“数据”和“资讯”之间的“混”和“通”。

资料来源：《入股第一财经：阿里数据革命的一步棋》，新浪，http：//finance. sina. com. cn/roll/20150615/002222428229. shtml，2015 - 06 - 15。

入口向平台加速转化

移动互联网环境下内容、关系、服务三者的交融，使新媒体的平台化成为趋势。平台化也是提升新媒体盈利能力的基础。一个新媒体平台，应该具有以下几个特征：

首先，与一个产品只是在单一环节提供单一功能的满足不同，平台应该涵盖产品生产与消费的更多环节，提供综合的服务。

其次，平台的生产主体是开放的，平台也是由所有生产主体共同经营的。一个良性的平台生态决定了这个平台上不同生产者的积极性与贡献度。

再次，平台是产品的孵化器。平台需要为新产品的开发提供用户基础以及开放的入口。

最后，平台不只是各种产品的集合，而是以用户为核心、围绕用户的需求而形成的一个商业体系。一个平台的理想目标是构建合理的生态链条和平衡的生态系统。

服务媒体的兴起

移动互联网新媒体不等于新闻客户端，它将同时具有内容媒体、关系媒体与服务媒体三种不同取向。内容媒体、关系媒体发展到今天已经成熟，而服务媒体将是未来的一个主要发展方向。

传媒业从事的行业实际是信息服务业，信息服务业的价值链主要有前端的信息提供、中端的传播技术和传播媒介、后端的渠道以及经营三个环节。服务媒体的出现和发展将源于两种可能：一是内容媒体在服务属性上的强化，或与服务平台的连通、融合；二是服务类客户端的媒体化。

未来的媒体必须树立“信息服务为王”的理念，媒体必须成为一个真正的信息服务商，而不是内容提供商。成为信息服务商，就必须为广大消费者提供真实、准确、有效的满足不同需求的信息，还要采取合适的渠道来有效送达。作为信息服务商，主要为用户收集、采写、编辑、分类和深层次加工信息，这需要以用户和市场为导向，对媒体进行精准定位和确定良好的编辑方针，选择合适的传播技术，并前置经营管理环节，进行有效的经营管理，在这个过程中，还要进行有效的客户关系管理。

互联网自媒体的价值变现

随着移动互联网的便捷性逐渐彰显，传统媒体也开始向新媒体转型，门户网站和垂直媒体纷纷推出移动新闻客户端，然而沿袭了传统媒体的移动新闻客户端虽然积极探索，但仍不能摆脱传统媒体的烙印。反而随着自媒体概念的出现，新媒体的社交属性逐渐凸显，以微信为代表的社交平台开始承担起新媒体的职责。

自媒体正在成为新兴的传播力量，受众与信息源的交互、短平快的传播方式、无门槛的经营模式等都使得自媒体走在一条高速发展的道路上。以个人账号和聚合性新闻 App 为代表的自媒体、自媒体平台爆发出令人惊叹的内容生产和传播活力。

PC 互联网时代博客的特点是频繁更新，使即时性的信息发布和阅读成为习惯；简短明了的网络信息形式，提供了传受双方互动的开放性和可能性；个人化特征下的个性化行为、个性化角度、个性化思想，组成了网络搜索引擎和思想发源地，这是博客能够吸引博主和受众的力量源泉。这样的特点仍然适用于今天的自媒体。

移动互联网时代涌现的大量自媒体，具有节点弱连接和信息圈子化的特点，这些特点赋予了自媒体不同于传统媒体的经营理念和方式。当前自媒体为互联网带来了五大传播新特征：传播个性化、传受一体化、内容精细化、互动多维化、媒介开放化。自媒体变成了一个集信息发布、沟通交流、组织动员，甚至是品牌推广和营销于一体的平台。

内容价值变现

自媒体的价值，可以通过内容价值、各种方式的广告实现。但前提是必须提供内容的真实价值、精准价值、原创价值。

INTERNET BUSINESS ECOSYSTEM 估值千万的微信公众号

2015 年 8 月，A 股上市公司北京腾信创新网络营销技术股份有限公司发布公告称，将向长沙火钳刘明文化传媒有限公司出资 1 000 万元，持有火钳刘明 10%的股权。

火钳刘明正是关爱八卦成长协会的出品方，该脱口秀/娱乐节目优酷总播放量超过 3.8 亿次，微信公众号粉丝超过 200 万，微博粉丝超过 340 万，在优酷的娱乐频道排行榜上，关爱八卦成长协会从质量以及粉丝订阅数上看，都远超其他同类型节目。

火钳刘明在腾信股份此次增资后估值已达 1 亿元，而公司 2015 年上半年公布的财务报表显示，截至 2015 年 6 月 30 日，营业收入仅为 5.82 万元，净亏损 37.27 万元，显然传统的估值方式对于火钳刘明这样的新媒体公司是不适用的，其移动互联网的营销能力才是腾信股份最为看重的。

由财经作家吴晓波等联合成立，致力于投资新媒体领域的狮享家基金，2015 年 9 月完成了对酒业家、B 座 12 楼、十点读书、餐饮老板内参、12 缸汽车、车早茶、车找茬等微信公众号的投资，其中十点读书估值 3 000 万元，酒业家估值 5 000 万元，餐饮老板内参估值过亿元。这些自媒体公众号为何获得如此高的估值？究其原因，很多自媒体公众号在各自的细分领域中均占据了领先地位，对自身垂直领域的用户能够产生足够大的号召力和影响力，从而使得它们受到投资者的青睐。

目前对微信公众号的估值主要包括公众号类型、用户基数和阅读数。投资基本按粉丝单价估值，原创微信公众号的粉丝估值单价在 30～80 元/个之间。

微信文章阅读数和点赞数也可以直接反映账号的影响力和商业价值，在很大程度上决定着对企业商家乃至广告主的吸引力。随着数据的公开化与透明化，一些真正具有传播影响力的微信公众号浮出水面。

2014 年初微信联合广点通共同推出了微信公众账号广告，微信公众账号运营者根据需要在公众平台申请开通流量主服务和广告主服务。开通原创功能的公众号达到 1 万粉丝就能申请开通广告主和流量主（未开通原创功能的公众号达到 5 万粉丝才能申请开通）。广告主可以在广点通投放端或微信公众平台上，进行自助的广告投放、管理，包括新建广告，指定用户定向，查看广告投放时间、曝光量、点击量、点击率、关注量、点击均价、总花费等关键指标，随时关注广告点击率，并及时调整出价，从而获得最佳的广告效果。

微信号广告目前开通有图文消息底部图文广告、顶部 banner 广告、App 下载广告三种广告形式。基于 CPC 原则，点击一次完成一次收费。广点通会根据点击量与广告主结算，将广告主广点通中的费用划至腾讯，然后与公众账号流量主分成。

品牌价值变现

互联网建立在关注度（流量）和声誉（连接）的基础上，拥有这两者的互联网产品才具有价值，才能获得商业上的成功。

正如微信的广告语“再小的个体，也有属于自己的品牌”所说的那样，自媒体必须建立自己的媒体品牌，建立自己的公信力，建立自己的传播力。

自媒体的未来，归根到底是为公众提供服务。通过自媒体打造个人品牌后，有些自媒体人可以获得变现的机会，比如外出进行讲课，成为公司顾问，为商品进行代言，甚至建立社群形成自己的商业模式。

INTERNET BUSINESS ECOSYSTEM 罗辑思维价值变现的逻辑

2012 年 12 月 21 日，罗辑思维第一期视频在网站、手机 App 中上线，这档脱口秀节目的内容包罗万象，政治、商业、生活、文化无所不谈，主持人罗振宇分享日常读书所得，语言个性鲜明。罗辑思维的微信公共账号也在同一天开通，公共账号每天早晨6点半向微信用户推送一条罗振宇本人录制的60秒语音，分享其每天的生活感悟，通过回复关键字的方式，用户可以获取推荐文章的超链接，与文章同时发出的还有会员活动或是会员福利放送的通知。

罗辑思维发展初期，主攻微信公众号，辅以优酷视频，通过这两个免费的平台发布内容（视频、音频、文章），聚集起大量有读书需求的用户。两个平台很快聚集了超过1 000万受众。

罗辑思维并不满足于仅做一个有影响力的自媒体，它很快摸索到了一条适宜互联网时代的商业模式——免费加收费。这个商业模式的形式体现为一部分客户直接付费，并支持另外许多免费享用服务的客户。

2013年7月罗辑思维通过募集会员费的方式筹到了160万元，吸纳6 100名成员，约占整体用户人数的1%。会员分别支付200元和1 200元的会费，可成为亲友会员和铁杆会员，期限为一年。同年的12月，罗辑思维进行了第二次招募，吸引2万人成为会员，募得会员费800万元。会员能够获得定期发送的礼物，也能参与罗辑思维举办的线下活动，或通过罗辑思维的平台发起线下活动。在所开展的所有线下活动中，罗辑思维向商家提供其潜在的消费者（会员）信息，而商家出于营销推广的需要则向此类活动提供免费的商品（礼品）或服务。2014年初，罗辑思维组织各地的会员分别在自己的城市吃免费午餐，全国272家餐馆参与。

罗辑思维与其他自媒体、互联网产品最大的差异在于，除了有数百万用户，罗辑思维还建立了一个由数万人组成的付费会员群体。这个群体成为罗辑思维不断扩展事业边界的核心力量。罗辑思维不承诺任何的会员物质回报权益，会员更多的是秉持供养社群与价值认同的理念来支付会员费，罗辑思维会员群体是一个以价值观为基础的创业和知识社群。

渠道价值变现

自媒体本质上是移动互联网时代的产物。随着移动互联网的发展与智能手机的普及，用户的阅读习惯开始朝着移动化、碎片化、个性化方向发展。正是得益于移动阅读浪潮下的这几大特性，自媒体获得了更多的机会覆盖更多的受众人群，而载体则是各互联网巨头麾下的社会化媒体平台。

对于自媒体平台，最受关注的莫过于自媒体准入门槛和流量变现问题，究竟哪家自媒体平台适合自媒体人生存，哪家能走得更远还有待探讨。

微信流量分发变现靠广告

微信公众号流量变现主要是通过腾讯广点通广告平台，在订阅号图文信息里开辟一条文字链的推广位置，按点击效果收费。

随着微信公众号文章阅读数的公开和点赞功能的增加，文章热度和阅读效果更加直观显现，同时微信平台一直鼓励并扶植个人创作者或小微生产团队独立生产原创内容，提升平台内容丰富度。

微信官方提供的数据显示，2014 年微信公众号总数已超过 580 万个，每日新增公众号超 1.5 万个，其中有超过 4 万家原创认证账号，而每天的公众号内点击量近 10 亿次，如果算上分享的朋友圈点击，总的点击还可以翻 3 倍。

百度百家靠内容

自媒体的文章要想在百度百家发表，首先得通过百度新闻部门的审核，只有通过审核才能获得流量和收入。

至于流量变现，在百度百家的平台上，自媒体是通过文章点击量来计算的，一篇点击几十万次的文章在百度可收入数千元，这吸引了大批自媒体人都去百度百家开设账号，导致平台流量的分流，也使得百度百家自媒体的收入下降。

另外百度百家的流量主要基于 PC 端，来自移动端的流量有限，在没有移动端入口就没有未来的大背景下，百度百家移动端的布局确实需要加强。

今日头条准入门槛低，适合推广自媒体品牌

一度陷于版权风波的今日头条，作为新兴的内容分发平台，拥有强大的流量，令不少自媒体尤其是传统的传媒机构垂涎不已。而今日头条自媒体准入门槛几乎都不能称之为门槛：文章必须原创，并提供自己原创文章的来源链接。

2014 年 8 月今日头条发布公告称自营广告功能上线。自媒体人可挂自己的广告系统，将流量导入自己目前的平台，以此推广自己的品牌，带来大量的曝光度。

微信、百度百家、今日头条等各家自媒体平台的风格有所不同，但基本上都是以点击资讯的流量匹配广告后，按照效果付费。至于未来谁取代谁，似乎还得看商业模式的发展。

传媒业生态竞争时代全面到来

传统媒体和互联网的融合是产业升级的主流方向，而互联网企业的入局无疑将使得传统媒体的改造升级进入一个新的阶段。当前传媒行业的竞争已经从之前的内容竞争、产品竞争升级为现在的平台竞争和生态竞争。

资本运作是目前国内推动传媒产业融合最为直接有效的路径。国资背景的老牌传统媒体，优势在于有足够大的资源和平台，缺的是灵活的市场机制和互联网基因。新旧媒体的融合，将借助多种多样的资本化手段实现。

传统传媒集团借助多元化平台型资源，进行旗下业务的整合，形成规模和协调效应。人民网、华闻传媒、浙报传媒、电广传媒、百视通、东方明珠、粤传媒等均采用上述模式。

而拥有渠道或平台优势的互联网龙头企业，如百度、阿里巴巴、腾讯等，则通过一系列资本运作，加紧布局传媒以补齐自身的短板，为既有生态引流而进一步强化和完善生态系统。

2014 年传媒行业市场并购数量超过 200 起，金额超过 2 200 亿元。2014 年阿里巴巴涉及文化娱乐领域的投资并购数量多达 10 起，到了 2015 年，阿里巴巴的传媒布局并没有放慢步伐。3

月阿里巴巴投资 24 亿元入股光线传媒成为其第二大股东，4 月与旗下拥有《财经》等著名杂志的财讯集团以及新疆维吾尔自治区联合组建新媒体机构无界传媒，首期投资为亿元级别。5 月投资《北青社区报》，6 月出资 12 亿元参股第一财经传媒有限公司，10 月用 45 亿美元全面收购优酷土豆集团。

目前阿里巴巴传媒商业版图已经涵盖影视、音乐、体育、视频、文学、游戏、媒体等，阿里巴巴基本完成了一个新传媒生态链的构建。从阿里巴巴对整个传媒行业的投资走向来看，行业横向的资源整合还将继续。未来阿里巴巴还会不断加强对生态链上下游的渗透，从上游的制作发行到下游的硬件终端都会涉及，从而形成“内容＋平台＋终端”的完整生态（见图 6—6）。

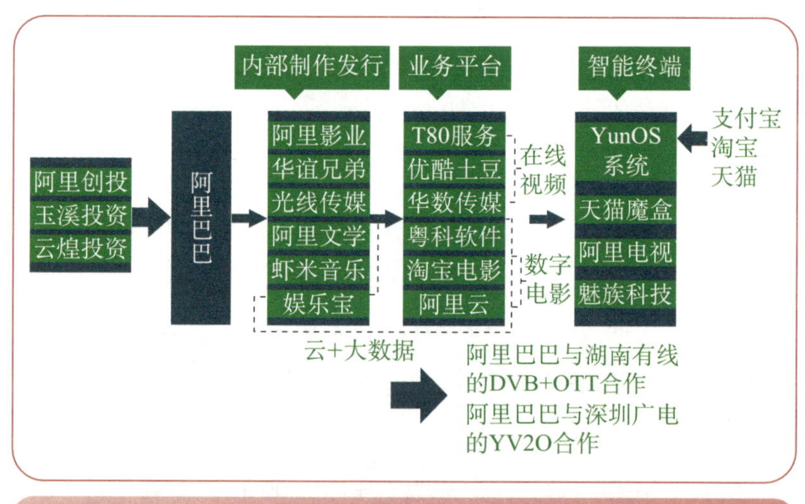

图 6—6　阿里巴巴传媒生态链

与阿里巴巴不同的是，腾讯则是依托自身用户、IP 资源及平台优势，以腾讯互娱事业部为主导者，涉足泛娱乐产业投资，涉及的上市公司有华谊兄弟、香港电视网络公司等；同时借助自身庞大的用户基础，积极实施区域化媒体合作战略。目前，腾讯已经在重庆、广州、上海、武汉、杭州、郑州、长沙、沈阳、成都、西安、福州和北京等地与当地媒体进行深度合作，大渝网等都由腾讯控股，其本质是腾讯对当地传统媒体生态的延伸和整合。

对于传统媒体来说，移动互联网时代传媒生态的剧变对传统媒体的原有生态带来了巨大冲击，也为其转型带来了巨大的机遇。唯有把握住移动互联网时代新传媒生态重构的机遇，才有可能浴火重生。

INTERNET BUSINESS

ECOSYSTEM

Refactoring Business Rules

第七章 互联网农业生态

过往 20 年为消费互联网时代，互联网以终端用户为中心，以消费为主线，迅速渗透进人们生活的各个领域，深刻影响着大众的消费习惯。未来互联网还将以生产者为中心，改变产业生产者的行为，这体现在互联网对产业的生产、交易、融资、流通等各个环节的改造，以提升产业的整体效率上。互联网逐渐改变着制造、服务、传媒、金融等各个行业，我们正快步迈进产业互联网时代。

目前我国农业与互联网融合的趋势发展迅猛，互联网正潜移默化地改造着农业的产业链。从农业生产、中介服务、土地流转到农产品流通、农业金融，整个农业产业链都已经受到了互联网的影响，伴随着土地经营进一步规模化，家庭农场、专业合作社等新型经营主体的崛起，互联网农业时代已经到来。

互联网倒逼农业革命

互联网农业是经济新常态背景下的一次农业生产力革命。政策利好催生了大量新兴互联网科技企业投入到农业领域，互联网融合农业的趋势越演越烈。

因为互联网的渗透，农业生产力的三大要素——劳动者、劳动工具和劳动对象均已发生本质性变化，昭示着中国农业正在互联网的推动下酝酿一场深刻的变革。

从劳动者来看，从事农业生产的人群不再是传统意义上的农民，而是掌握着最新科技的新农人。新农人，特指具备现代经营理念，借助互联网及信息技术，参与农林牧渔等产业链经营的新型农业经营者。这类新型农业经营者主要借助于土地流转新政，通过承包或其他方式获得土地使用权，并进行养殖、种植管理，依托互联网开展科学化、系统化、信息化的农业生产或经营活动。

新农人主要由三部分人群构成：一是农村本地人、返乡者，他们接受了互联网技术的洗礼，用学到的新技术回乡创业，以淘宝、京东等第三方电商平台作为农产品产销流通渠道；二是来自外乡或城市的外来者，他们为当地农村带来了新的知识和理念，启蒙了当地老百姓的网络意识，促进了互联网农业的普及；三是新进入农业和农村的跨界人士，他们具备农业之外的其他职业背景，依托种养大户、家庭农场、专业合作社等商业组织，通过互联网从事农业生产经营活动，吸引风险资本的加入。

新农人深受互联网思维和信息化影响，具有变革和创新精神，在生产管理上也突破传统的低效模式，带领现代农业朝科学化、智能化生产管理方向转变。新农人是新一代有文化、懂技术、会经营的新型农业探索者，他们的崛起将提高农业的生产效率和管理水平，带动农业向信息化、市场化、现代化快步迈进，未来农业的规模化、集约化、科技化程度将更高。据不完全统计，国内包括农民网商在内的新农人大约有近百万户。

从劳动工具来看，运作于土壤之上的不再是传统的农具和机械，而是通过物联网技术连接起来的自动化设备和机械。农业物联网是互联网的延伸和扩展，其核心和基础仍是互联网，只是信息交换的终端通过各种传感器延伸到了土壤、大气、微生物、化学物质和自动化机械之间，并通过网络系统进行管理运行。

物联网技术在发达国家已经广泛应用于农业生产。近两年，在我国政府的大力推行下，国内农业领域也开始尝试使用物联网技术，在不少地区已经产生了增产增收的积极效果。物联网作为互联网＋的底层技术和应用，正在塑造我国新的农业生产方式，传统农业流通的商业模式也将随之发生巨大的变化。

从劳动对象来看，当前零散状态的土地制度已经不适应物联网技术规模化生产的要求，土地流转政策的实施使得农业生产的基本要素——土地，也发生了制度变革。未来农产品的产量和质量借助于互联网技术的应用将得到保障和提升，全社会空前重视的粮食安全和食品安全难题由此将会有新的解决思路。土地生产的成果不再是化肥农药超标的农产品，更多的是高质高产的无公害产品。

如今我国政府已把互联网当成解决农业问题的重要途径，正在通过互联网“倒逼”农业革命。解读近几年的农业文件，包括历年的中央一号文件到国务院以及各部门和地方政府制定的政策、法规、规划及意见，可以发现，在我国农村改革的顶层设计中，互联网对于农业发展的重要性明显增强。

2015 年，中央发布一号文件《关于加大改革创新力度加快农业现代化建设的若干意见》，更加明确地发出“中国要强，农业必须强”的信号，农业被赋予“立国之本，强国之基”的政治使命，因而互联网农业的前景更加广阔。

2015 年的政府工作报告中提出“互联网＋”行动计划，全国上下谋划推动新一代信息技术与现代产业跨界融合，打造国民经济新引擎，培育和催生经济社会发展新动力。农业是“互联网＋”行动计划的核心领域之一。

按照农业部全国农业信息化发展有关规划，农业农村信息化总体水平有望从 2011 年的 20％提高到 2015 年的 35％，基本完成农业农村信息化从起步阶段向快速推进阶段的过渡。

从发展现代物流、规模经营、电子商务、农业信息化、农业科技创新、农业综合服务平台建设工程，到信息服务进村入户，再到信息共享、互联互通，无不依赖于互联网农业的发展。未来有关互联网农业的政策红利将呈现越来越多的趋势。

农业生产模式的演进

根据国外发展经验，结合我国农业生产现状，可以把农业生产模式划分成四个阶段：以小农生产为主的农业 1.0 模式，以机械化生产为核心的农业 2.0 模式，以精确化生产为核心的农业 3.0 模式，以智能化生产为核心的农业 4.0 模式（见图 7—1）。

在互联网信息技术的改造下，我国农业生产模式正在由 1.0 和 2.0 向 3.0 演进，随着农业生产自动化和智能化程度不断提

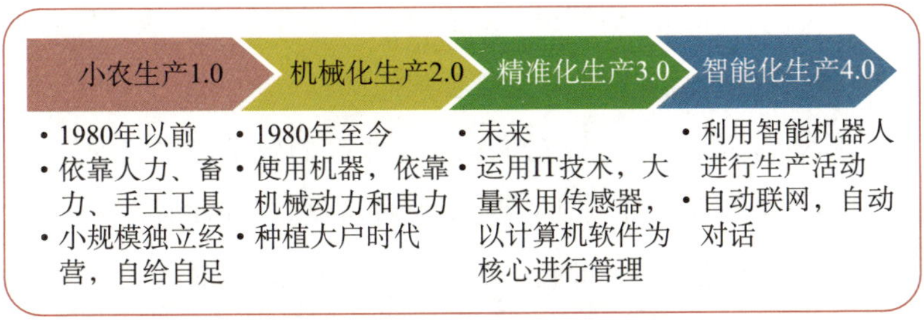

小农生产1.0	机械化生产2.0	精准化生产3.0	智能化生产4.0
• 1980年以前 • 依靠人力、畜力、手工工具 • 小规模独立经营，自给自足	• 1980年至今 • 使用机器，依靠机械动力和电力 • 种植大户时代	• 未来 • 运用IT技术，大量采用传感器，以计算机软件为核心进行管理	• 利用智能机器人进行生产活动 • 自动联网，自动对话

图 7—1 农业生产模式的发展历程

高，农业生产活动对纯人工劳作的依赖度将大幅下降，生产效率将逐步提高，产量、质量将能得到更大保障，农业整体的抗风险能力将大大加强。

农业 1.0 模式：小农生产

中国农业 1.0 生产模式以小农经济为主，由于土地家庭承包责任制的限制，农业生产以家庭为单位，生产资料由劳动者掌握，主要依靠劳动者劳动，通过独立经营小规模农业满足自身消费需要。这种依靠个人体力劳动生产的农业 1.0 经营模式，在 30 多年前确实起到了积极作用，但仅依靠个人体力劳动的生产力提高是有限的，小农经济目前已经严重制约了我国农业生产力的发展。

此外，小农经济还导致农业流通体系不发达。在传统农业中，产销信息不匹配造成了严重的农产品滞销现象。往往在偏远地区，自然环境条件好，种植的农产品质量高，但由于销路不畅导致供过于求，农产品价格不断降低，农民收入得不到增长；而在城市地区，环境污染严重，品质好的农产品供不应求，导致价格持续上涨，食品安全也成为社会焦点问题。

小农经济从客观上抑制了农业产业链的效率，农业的生产、加工、运输、销售等产业环节处于一种割据、分散的状态，大大降低了农业流通效率，抑制了农业增产、农民增收的潜力。

农业 2.0 模式：大型机械化

农业生产从使用手工工具、畜力农具转变为普遍使用机器。如在种植业中，使用拖拉机、播种机、收割机、动力排灌机、机动车辆等进行土地翻耕、播种、收割、灌溉、田间管理、运输等各项生产作业，全部生产过程主要依靠机械动力和电力，实现农业机械化，节省劳动力，减轻劳动强度，提高农业劳动生产率，增强克服自然灾害的能力。

对比美国、欧洲各国、日本、韩国等已经实现农业机械化的国家，美国采用的是大规模的机械化路线，欧洲各国采用的是中等规模、集约的机械化路线，日本、韩国采用的是中小规模、精细化的机械化路线，但其作物单一，主要是水稻。

三种路线的共同特点是都需要大量资金和技术的支持，技术含量高，投入资本也大；国外农户本身比较富有，管理的土地面积较大，有购买大量农机设备并进行技术升级的能力。但是我国农户的耕地不到欧盟国家的 1/40、美国的 1/400，我国长期存在农户数量超多、经营规模超小、农民技术能力超弱的国情，农民每家每户买农机既买不起也不经济。

因此我国从 2007 年开始在各地农村大力推动建立农机合作社，鼓励支持农机专业户发展成为农机大户，引导农机大户、种粮大户、普通农机专业户和农户，采取机具入股、技术入股、土地入股、资金入股等多种方式建立农机合作社等服务组织。

目前我国在主要农作物耕种收综合机械化水平中，小麦以93%左右位居榜首，全国小麦机械化水平和跨区作业成为农业机械化发展的亮点。但是我国小麦只是主要在耕种收方面基本实现了机械化，而小麦田间管理机械化水平仍比较低，其他环节的科技含量也不高，实现全面机械化管理仍存在较多的技术难点。

农业 3.0 模式：高度自动化精确生产

农业机构通过物联网技术采用大量的传感器节点构成监控网络，通过传感器从土壤、作物、设备、人和图像采集数据信息并通过计算机进行分析，可及时发现问题并准确地判断其位置，降低农业生产风险，最大限度提高生产效率。在农业生产管理中大量使用各种自动化、信息化、远程控制的生产设备，生产模式逐渐从以人力为中心、依赖于机械向以信息和软件为中心转变，最终实现精准化农业生产。

在山东寿光蔬菜产业集团现代农业产业园，蔬菜大棚“变身”智能工厂。技术人员通过在大棚内布置检测光照、温度、湿度、二氧化碳浓度等的传感器，配合喷淋、卷帘控制器以及视频监控摄像头，管理者可以随时随地通过手机或电脑，实时查看农业生产现场，并远程控制设备运行，实现农业生产的智能化管理。

农业 4.0 模式：融合互联网的高度智能化

目前许多国家已投入农业机器人的研制和发展，多种类型的农业机器人相继出现，随着互联网技术的发展，机器人之间可以自动联网、自动对话，逐渐出现融入人工智能、机器视觉等新技术。

农业 4.0 是大势所趋，发达国家的农业已经向工业化发展，农业智能机器人开始运用到农业生产活动中，例如机器人采摘、机器人挤奶等。未来，智能程度更高的农业机器人将会得到更为广泛的应用，农业对手工劳作的依赖度将逐步下降，农业革命正在深入发展。

目前在我国，农业 1.0、农业 2.0、农业 3.0 多种模式同时并存，改造空间巨大。农业物联网技术改造生产，存在上万亿元的市场空间；农产品电子商务，市场空间也达万亿元量级。

这对于互联网，对于中国农业，是长期的利好。目前来看，互联网农业在电子商务领域发展迅猛，2015 年农产品电商有望出现爆发式增长，突破 1 000 亿元的销售预期。5 年后，中国经济的支柱产业，将不再是房地产，而是互联网农业。

互联网农业生态构建

目前互联网农业的生态构建主要围绕生产领域的智慧农业、

经营和流通领域的农产品电商、营销领域的新农业商业模式展开。

生产领域

智慧农业是农业生产的高级阶段，集新兴的互联网、移动互联网、云计算和物联网技术为一体，在农业生产与经营中各个产业环节依托部署在农业生产现场的各种传感器节点（环境温湿度、土壤水分、二氧化碳浓度、图像等）和无线通信网络，实现农业生产环境的智能感知、智能预警、智能决策、智能分析、专家在线指导，为农业生产提供精准化种植、可视化管理、智能化决策。

智慧农业是大势所趋。如今欧美各个国家纷纷开始用物联网技术提高农业生产效率，发达国家智慧农业已经经历了很长的发展时期，在政府强力扶持之下，基础设施、技术积累均形成了比较完备的体系。在全球范围内，美国在利用物联网科技促进智能、精准农业上处于领导地位。

早在 20 世纪 80 年代美国就提出精准农业的构想，20 世纪 90 年代初，全球定位系统应用到农业生产领域，随着信息技术高速普及，美国农业物联网有了长足的进步。美国农业软件公司 On-Farm 的数据显示，美国大农场对物联网设备技术的采用率高达 80%。农场主使用高度自动化的大型农业机械设施进行农业生产。在美国的一个家庭农场，经营 7 万亩玉米，从种植到销售，仅需要 3 个人。而在我国黑龙江，同样经营 7 万亩玉米仅种植就需要 1 000 人左右。相比之下，我国农业效率提升空间巨大。

随着我国农业企业和农民的信息化意识不断增强，农业基础设施与信息化的深度融合有望加快。国家农业部官方网站数据显示，截至 2014 年底，我国已经实现 100％行政村通电话，3G 网络覆盖到全国所有乡镇，宽带在乡镇和行政村的覆盖率分别达到 100％和 93.5％；农村网民超过 1.78 亿，占网民的 27.5％。

全国 32 个省级农业行政主管部门（含新疆生产建设兵团）均设有信息化行政管理机构或信息中心，超过 55％的县设有农业信息化行政管理机构，39％的乡镇设有农业信息服务站，全国专兼职农村信息员超过 18 万人。农业门户网站群基本建成，涉农网站超过 4 万家。

2011 年起，在我国政府主导下，农业部门大力研制推广智能节水灌溉系统，研发和推广基本农田整理、复垦和耕地质量监管保护信息化技术与装备等。农业部结合国家物联网示范工程在北京、黑龙江、江苏开展农业物联网应用示范，在天津、上海、安徽组织农业物联网区域试验。

智慧农业主要围绕农业智能监控系统、农业生产物联控制系统和有机农产品安全溯源系统三大系统，利用物联网平台技术，运用云计算方法，实现农业信息数字化、农业生产自动化、农业管理智能化，从而构建低碳节能、高效高产、绿色生态的现代农业体系。

农业智能监控系统

农业智能监控系统充分利用现代地球空间与地理信息技术、

传感技术、手持便捷信息识别技术等，获取与作物生产有关的各种生产信息和环境参数，对耕作、播种、施肥、灌溉、喷药和除草等田间作业进行数字化控制，使农业投入品的资源利用精准化、效率最大化。

我国很多地方在每年的春天都需要提前在大棚内进行水稻育秧，水稻育秧对温度、湿度、光照、通风、灌溉等都有严格的要求，以往都是通过农民长期积累的经验来操作，不仅效率低，而且精确度不够。

使用水稻育秧大棚监控及智能控制系统，可以通过光照、温度、湿度等无线传感器，对农作物温室内的温度、湿度信号以及光照、土壤温度、土壤含水量、二氧化碳浓度等环境参数进行实时采集，自动开启或者关闭指定设备（如远程控制浇灌、开关卷帘等)。同时在温室现场布置摄像头等监控设备，实时采集视频信号。

通过传感器对大棚环境指标各项数据的采集，统一集中到数据存储平台，一是可以全面掌握每个大棚的环境情况，二是可以通过高清视频查看秧苗的具体发育情况，三是可以通过阈值设置，实现自动通风、光照、灌溉等自动化管理。这样通过电脑或智能手机，随时随地观察现场情况、查看现场温湿度等数据和控制远程智能调节指定设备，农民在家就能知道水稻嫩芽的生长情况。

农业生产物联控制系统

基于物联网技术，通过各种无线传感器实时采集农业生产现场的光照、温度、湿度等参数以及农产品的生长状况等信息，远程监控生产环境。将采集的参数和信息进行数字化转化后，实时传输到网络平台进行汇总整合，利用农业专家智能系统按照农产品生长的各项指标要求，进行定时、定量、定位云计算处理，及时精确地遥控指定农业设备自动开启或者关闭（如远程控制节水浇灌、节能增氧、卷帘开关等），实现智能化、自动化的农业生产过程。

INTERNET BUSINESS ECOSYSTEM

智慧农业新常态：2 500 亩地 8 个人搞定

在北京市昌平区小汤山占地 2 500 亩的现代农业基地精准园区，农作物的日常管理已实现全智能化操控。基地技术员通过中央控制平台，可以实时监看整片园区的实时动态、作物生长情况，并可以远程浇水、施肥。借助传感器进行自动识别遥控大大降低了人力成本，基地的工作人员并不少，但多为科研人员，而据相关负责人介绍，对 2 500 亩土地进行维护的工作人员只有 8 个人。

资料来源：《我国智慧农业发展新态势　2 500 亩地八个人搞定》，中国农业信息网，http：//www.agri.cn/province/sichuan/nyxxh/201507/t20150729_4767569.htm，2015－07－28。

在黑龙江垦区的八五二农场，已经实现使用安装有卫星导航的自动收获机械进行玉米、小麦等作物的大规模收割，机器的作业轨迹、作物的水分、产量、收获面积在几公里以外调度中心的电脑大屏上实时更新。

从“大弯腰、小镰刀”到“大农机、物联网”，在我国很多地方，像这样以自动化农机、卫星遥感、物联网技术为核心，及时监测和掌握作物各时期生长情况的信息化和数字化农业生产形式越来越多。互联网正在让“面朝黄土背朝天”的传统耕种模式被“只见农机不见人”的现代生产逐步取代。

农产品安全溯源系统

农产品可追溯系统是通过在生产、加工环节给农产品本身或货运包装中加装无线射频识别电子标签、二维码等，并在运输、仓储、销售等环节不断添加、更新信息，搭建有机农产品安全溯源系统。有机农产品安全溯源系统加强了农业生产、加工、运输到销售等全流程数据的共享与透明管理，实现了农产品全流程可追溯，提高了农业生产的管理效率，促进了农产品的品牌建设，提升了农产品的附加值。就目前食品安全事件对人类生命健康造成的危害来说，解决食用农产品的质量安全问题迫在眉睫。

欧盟的农产品可追溯系统应用最早，尤其是活牛和牛肉制品的可追溯系统。欧盟把农产品可追溯系统纳入到法律框架下。根据牛肉标签法，欧盟国家在生产环节要对活牛建立验证和注册体系，在销售环节要向消费者提供足够清晰的产品标识信息。2000年1月欧盟发表了《食品安全白皮书》，提出以控制“从农田到餐桌”全过程为基础，明确所有相关生产经营者的责任。欧盟规定每一个农产品企业必须对其生产、加工和销售过程中所使用的原料、辅料及相关材料提供保证措施和数据，确保其安全性和可追溯性。

德国鸡蛋也有身份证号码

在德国，超市里售卖的鸡蛋通常是装在硬纸盒里。纸盒大小不一，一般是6枚或10枚鸡蛋一盒，每个鸡蛋上都印有一个编号（见图7—2），这就是每枚鸡蛋的“身份证”。根据这个编号，可以查出鸡蛋来自什么国家、什么地方、哪个养鸡场，甚至哪个鸡笼。除此之外，还能查到母鸡的状态和鸡蛋的种类。

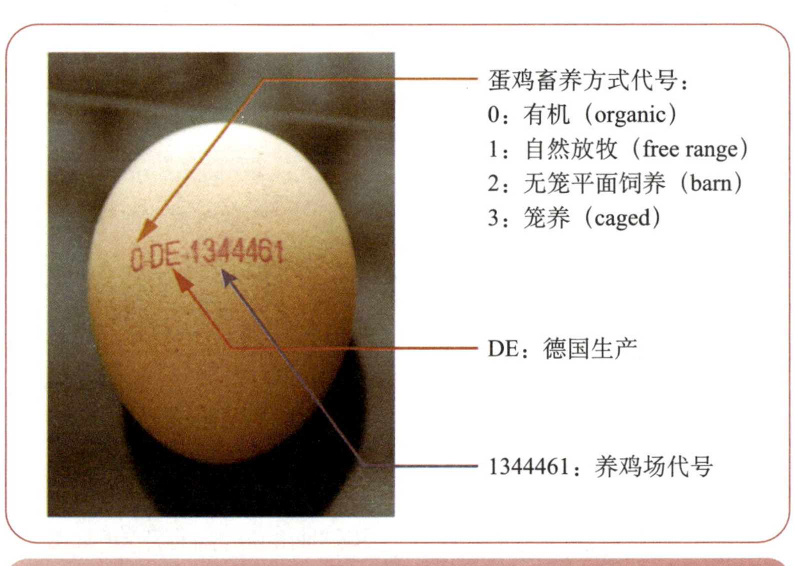

图7—2 德国鸡蛋上的可追溯编码

资料来源：《德国食品安全7个细节令国人汗颜》，九个头条，http：//www. topnews9. com/article_20150302_43773. html，2015-03-02。

加拿大从2002年7月1日起开始实施强制性活牛及牛肉制品

标识制度，要求所有的牛肉制品采用符合标准的条码来标识。英国政府建立了基于互联网的家畜跟踪系统（CTS）。该系统记录了家畜从出生到死亡的转栏情况，农场主通过该系统的在线网络来登记注册新的家畜，查询其拥有的其他家畜的情况。

2002 年，我国开始推动农产品质量安全追溯体系建设。2002 年 12 月，农业部专门成立农产品质量安全中心。从 2004 年开始，国家质量监督检验检疫总局、农业部、食品药品监督管理总局、商务部等部门开展了不同农产品领域的质量安全可追溯体系建设试点。

目前，国家层面比较有代表性的农产品质量安全可追溯体系有国家食品（产品）安全追溯平台，食品安全监管、追溯与召回公共服务平台，中国产品质量电子监管网，农产品质量追溯平台，农业部种植业产品质量追溯网，水产品质量安全追溯平台等；地方政府建立的农产品质量安全可追溯体系有广东省水产品质量安全信息网、北京市农业局食用农产品质量安全追溯系统、北京市肉类蔬菜流通追溯体系、上海市食用农产品流通安全信息网等。它们覆盖了肉禽类、蔬菜水果、加工食品、水产品、医疗产品及地方特色食品等多个领域。

流通领域

与互联网的一日千里、千变万化相比，农业基于季节性的生产规律，难以形成市场化的迅速匹配。然而，两者在慢慢融合。

不仅农业生产向智能化发展，农业经营也在向网络化转型。

农产品电子商务在促进产销衔接、倒逼农业标准化和质量安全可追溯等方面显示出明显优势。在网络巨头企业的推动下，“消费品下乡，农产品进城”双向流通体系逐渐成型。

互联网企业跨界齐“务农”

从最早的互联网大佬网易创始人丁磊养猪，到近年联想推出电商平台“佳沃市集”开始布局农业，再到京东刘强东种大米，以软件起家的九城集团开设有机农场并推出生鲜电商平台沱沱工社……越来越多 IT、互联网企业跨界“务农”，阿里巴巴、京东和苏宁等电子商务公司更是提供资金、技术和人才，正在将“互联网＋农业”落实到行动，它们依靠企业现有资源和优势与政府及地方企业合作，在县、村建立运营体系，通过投资农村信息服务站建设，完善乡村配送体系，激活农产品电商生态体系，创新农村代购服务，进而促进农民提高收入、增加就业。

互联网催生新农业商业模式，企业通过互联网支配资源再分配，激活了新的消费形态。集中表现为多种新兴农业模式急速扩张，其中主要包括生产商对消费者（F2C）、B2C、B2B、家庭农场和社区支持农业等多种模式。

农产品电商克服了传统农业流通模式的不足，适时地解决了农产品产销信息匹配问题，给农产品的营销提供了一个能够与产品有效对接的流通体系，以往非标准化、分散少量的多样性农产品逐渐向标准化、品牌化和规模化过渡。

农产品电商超高速发展，证实了这种新模式的优势。互联网让农产品流通信息扁平化，减少信息不对称现象；交易方式的改变提高了农产品的流通效率。在互联网时代，封闭、落后、孤立的传统农业商业法则正向互动、开放、共享和平等的新型农业模式转变。

2014 年中央一号文件首次提出“加强农产品电子商务平台建设”的论述，进一步推进了涉农电子商务的高速发展，这将是农产品电商从自发向规范化、品牌化、平台化转型的重要时期。

目前国内农产品销售仍然以集贸市场、批发市场、超市等传统线下渠道为主，这些渠道的消化量占进入流通领域农产品总量的 80%以上，处于明显的主导地位。但农产品市场的流通格局正在改变，新兴的农产品电商处于高速发展的成长阶段。

国家商务部电子商务和信息化司的数据显示，2014 年农产品电子商务年交易额已超过 870 亿元，涉农电子商务平台已超 3 万家，其中农产品电子商务平台达 3 000 家。目前农产品电商网站主要有两大类型：一是菜管家、本来生活网、顺丰优选、沱沱工社等垂直生鲜电商平台，这类平台一般拥有线下生产、仓储、物流等配套服务；二是天猫、京东、1 号店等综合型电商平台。

有关生鲜电商市场调查的信息如图 7—3 所示。

目前市场上农产品电商按照销售额大致可划分为四级梯队。

阿里巴巴处于第一梯队，阿里巴巴 2015 年 6 月公布的《阿里农产品电商白皮书》显示，2014 年阿里平台农产品销售规模为 483 亿元，比 2013 年增长 69%；预计 2015 年全年农产品交易额将达到 600 亿元，市场规模处于行业领先地位。

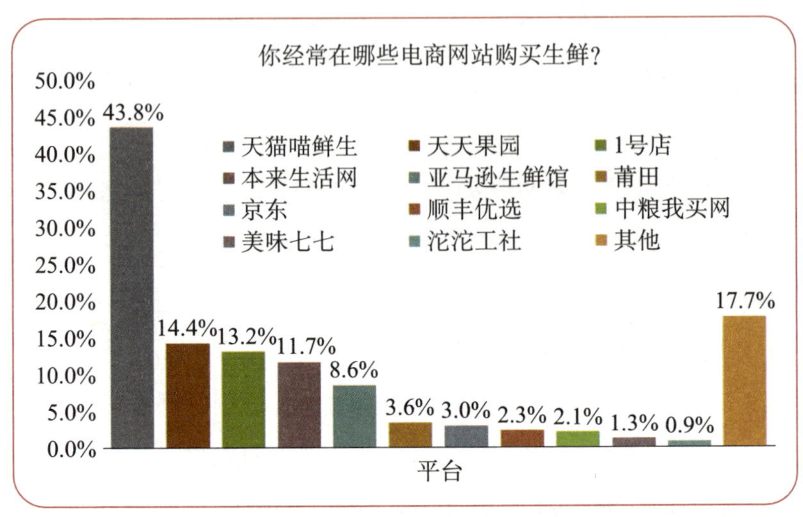

图 7—3　生鲜电商市场调查

资料来源：企鹅智酷。

京东、1 号店和中粮我买网为第二梯队的代表，年交易额在 10 亿～100 亿元之间，其中京东在第二梯队中规模最大，年交易额已超百亿元。第三梯队如本来生活、菜管家等销售额为 1 亿～10 亿元。第四梯队的年销售额在 1 亿元以内。第三、第四梯队这两个层级的电商数量多但规模小，不同于综合电商平台，一般都是专做农产品销售的垂直型电商。

农产品电商的发展趋势

电商企业正加速推进电商下乡，加快农产品电商的战略布局。阿里巴巴 2014 年启动“千县万村”计划，将在 3～5 年内投资 100 亿元，建立 1 000 个县级运营中心和 10 万个村级服务站。

目前，京东在农产品电商战略布局上，主要针对县以下的

4～6 级市场打造集市场营销、物流配送、客户体验和产品展示四位一体的京东服务旗舰店——京东县级服务中心和京东帮服务店。2015 年计划建成县级服务中心 500 个，开设京东帮服务店 1 000 家以上，招募乡村推广员 5 万人。京东的最终目标是“一县一中心”和“一县一店”，通过自营的京东县级服务中心和合作的京东帮服务店，京东商城的全业务可以无缝覆盖到全国县乡级农村市场。

苏宁 2015 年计划建成 1 500 家苏宁易购服务站，并在 5 年内建立 1 万家，深入全国乡村，从渠道建设层面打通农产品电商发展壁垒。在经营方面，苏宁超市将通过专业经营采销体系，把大量优质商品带到农村，同时启动农产品直采、农产品众筹等项目，把大量优质农副产品销往全国各地。

2015 年 5 月国务院印发了《关于大力发展电子商务加快培育经济新动力的意见》，强调要积极发展农村电子商务，并且鼓励农业生产资料企业发展电子商务，提出到 2020 年基本建成统一开放、竞争有序、诚信守法、安全可靠的电子商务大市场。

与此同时，2015 年 5 月商务部研究制定了《“互联网＋流通”行动计划》，加速互联网与流通产业深度融合，提出将培育 200 个电子商务进农村综合示范县，创建 60 个国家级电子商务示范基地，培育 150 家国家级电子商务示范企业，推动建设 100 个电子商务海外仓，指导地方建设 50 个电子商务人才培训基地，力争到 2016 年底，电商交易额达 22 万亿元，网上零售额达 5.5 万亿元。

电子商务与其他产业深度融合，将成为促进创业、稳定就业、改善民生服务的重要平台，对工业化、信息化、城镇化、农业现代化同步发展起到关键作用。

经营领域

在我国巨大的政策红利驱动下，互联网企业正积极推进互联网农业发展。互联网农业产业涌现了大量新兴企业，包括农业物联网系统研发和集成、农业智能化机械制造、农产品溯源管理和农产品电商等。

目前国内涉农互联网企业主要有 7 种类型，一是农产品销售渠道变革型；二是产业链大数据型；三是专业合作社服务商；四是数据挖掘型；五是农业物联网；六是土地流转电商化；七是农资电商型。

家庭农场模式

家庭农场是指以家庭成员为主要劳动力，从事农业规模化、集约化、商品化生产经营，并以农业收入为家庭主要收入来源的新型农业经营主体。

2013 年家庭农场的概念首次在中央一号文件中出现，鼓励和支持承包土地向专业大户、家庭农场、农民合作社流转。由于政策鼓励，家庭农场数量增长迅速。

2013 年 3 月，农业部首次对全国家庭农场发展情况开展了统计调查。调查结果显示，目前我国家庭农场开始起步，并表现出了较高的专业化和规模化水平。

一是家庭农场已初具规模。截至 2012 年底，全国 30 个省、区、市（不含西藏，下同）共有符合本次统计调查条件的家庭农场 87.7 万个，经营耕地面积达到 1.76 亿亩，占全国承包耕地面积的 13.4％。平均每个家庭农场有劳动力 6.01 人，其中家庭成员 4.33 人，长期雇工 1.68 人。

二是家庭农场以种养业为主。在全部家庭农场中，从事种植业的有 40.95 万个，占 46.7％；从事养殖业的有 39.93 万个，占 45.5％；从事种养结合的有 5.26 万个，占 6％；从事其他行业的有 1.56 万个，占 1.8％。

三是家庭农场生产经营规模较大。家庭农场平均经营规模达到 200.2 亩，是全国承包农户平均经营耕地面积 7.5 亩的近 27 倍。其中，经营规模 50 亩以下的有 48.42 万个，占家庭农场总数的 55.2％；50～100 亩的有 18.98 万个，占 21.6％；100～500 亩的有 17.07 万个，占 19.5％；500～1 000 亩的有 1.58 万个，占 1.8％；1 000 亩以上的有 1.65 万个，占 1.9％。2012 年全国家庭农场经营总收入为 1 620 亿元，平均每个家庭农场 18.47 万元。

随着工业化、城镇化快速推进和农村劳动力大量转移，农村土地流转速度加快。农业经营规模和组织化程度也相应提高，由种植大户、家庭农场、专业合作组织和农业龙头企业等组成的新型农业经营体系逐渐显现。

目前家庭农场信息化发展水平不一，采用自动化技术进行生产管理的比例很低。可以预计，随着自动化设备和物联网技术的普及，家庭农场的产值和效益会进一步提高，未来规模将进一步扩大。

INTERNET BUSINESS ECOSYSTEM

家庭农场：土地规模经营的试点

凤台县硕乐家庭农场有限公司是一家自然人投资注册的有限责任公司，注册成立于 2013 年 7 月，主要经营范围包括：粮食、蔬菜、瓜果、花卉、苗木种植及销售；化肥、农药、包装种子销售；农机农田作业服务；农业技术信息咨询及推广服务。注册资金 65 万元，现有生产基地 140 亩，建设有高标准日光温室一座（主要用于育苗），其余全部是高标准钢架大棚，基地内沟、路、渠、水、电等基础设施配套齐全；主要依靠家庭成员（12 人）从事瓜菜生产，生产繁忙季节从周边农村雇用剩余劳动力，年产各类优质农产品 500 吨以上，年销售收入 100 万元以上，年纯利润 40 万元以上，年家庭人均纯收入 2 万元以上。

家庭农场模式可以进一步促进土地资源的优化配置，激发农民的积极性，释放农业的潜力。家庭农场的经营特性明显，家庭农场主必须按照企业管理模式来核算成本、加强管理、追逐利润，必须适应市场、开拓市场。由于家庭农场实行规模化、集约化、商品化生产经营，因而具备较强的市场竞争能力。我们有理由相信，在国家惠农政策的鼓励扶持下，家庭农场必将成为农业农村改革发展的骨干力量。

社区支持农业模式

社区支持农业（Community Supported Agriculture，CSA）20 世纪 60 年代起源于瑞士，随后风行于日本和欧美。CSA 是一种在农场或农场群及其所支持的社区之间实现风险共担、利益共享的合作形式。生产者即农场承诺不使用化肥、农药或生长激素等，按照生产计划利用自然的生态循环系统进行种植和养殖。

CSA 与家庭农场的不同之处在于生产者不限于家庭成员，而更多的是采用企业组织形式，因而商业程度更高。CSA 没有固定的经营模式，有些规定消费者在年初就预先支付购买有机农产品的费用；有些则让消费者成为股东，不仅分摊成本，还要承担自然灾害等风险；有些规定股东可以投入现金，也可投入劳动力。最值得称道的是，CSA 注重环保，提倡健康生产、生活方式，一切农活都是手工操作；禁止使用化肥、农药以及除草剂、催熟剂等影响庄稼正常生长的化学药物。

CSA 提倡的是生态有机农业生产，目前的生产方式还处于农业 1.0 模式，基于人工或者只借助小型机器进行有机耕作，劳动强度比较大。这就对农业规模化发展提出了挑战。随着生产规模的扩大，将来对物联网技术的需求极大。相比国外，CSA 在我国仍处于起步阶段，在上海、北京等一线城市发展较快。截至 2013 年，我国 CSA 项目已达 200 多个，分布在全国近 20 个省市，并呈现出从一线城市向二三线城市快速推进的势头。

INTERNET BUSINESS ECOSYSTEM 社区支持农业模式的中国实验

北京小毛驴市民农园创建于 2008 年 4 月，占地 230 亩，位于北京西郊著名自然风景区凤凰岭山脚下、京密引水渠旁，是北京市海淀区政府、中国人民大学共建的产学研基地，由国仁城乡（北京）科技发展中心团队负责运营。

2009年3月，小毛驴市民农园正式以CSA的方式对外运营，采用计划性生产模式，消费者先交菜金，农场按照其需求的菜品种植，定价也是固定的，农场可以赚取10%的利润。农场蔬菜全部是有机生产，不用农药，采取人工捉虫、配营养液杀虫。此外，农场还采取多样性种植，如农场喂猪和鸡，一方面提供农家肥，另一方面确保生态稳定。

北京小毛驴农场提供蔬菜配送和租地两种服务。2009年刚开始运营时，农场仅有37户预订了配菜服务，租地达17户，而在2011年，配菜已达460户，租地已有260户。

土地流转创新性商业模式

农业生产力革命离不开土地制度改革。土地流转新政为包括互联网行业在内的产业资本进入农业领域提供了有利条件，从根本上推动了互联网农业发展。这是自改革开放实行土地家庭联产承包责任制以来，农村土地制度的一次重大变革，促进了农业规模化经营，将农村劳动力从土地中“解放”出来。

农业部官方网站的数据显示，2014年我国选择山东、四川、安徽三省开展土地承包经营权确权登记颁证整省试点，其他各省份选择整县开展试点。目前，已有1 611个县（市）开展了试点，涉及3亿亩耕地。2014年全国家庭承包经营耕地流转面积3.8亿亩，流转比例达28.8%，经营面积在50亩以上的专业大户超过

287 万户，家庭农场超过 87 万个。2015 年，我国土地承包经营权确权登记颁证试点进一步扩大，选择 9 个省份开展整省试点，其他省份每个地市选择 1 个县开展整县试点，覆盖面积达到 5 亿亩。

随着大批农业专业合作社、农业企业等的成立，土地流转进程加速，各种创新的商业模式也应运而生，吸引大量产业资本投向农业，有力地促进了互联网技术在农业领域的运用和推广。

根据 2014 年中央一号文件，在农村闲置土地逐渐增多的大环境下，为避免耕地浪费，政府鼓励农户流转土地经营权，发展多种形式的规模经营，并对新型农业经营主体进行扶持。

INTERNET BUSINESS ECOSYSTEM 聚土地：互联网私人订制农场

2014 年由浙江省供销社直属企业浙江兴合电子商务有限公司联合阿里巴巴聚划算平台、绩溪县庙山果蔬专业合作社等单位在安徽省绩溪县实施了一个名为聚土地的项目，将土地流转与电子商务结合起来。

农民将土地流转至电子商务公司名下，电子商务公司将土地交给当地合作社生产管理，消费者通过购买土地的方式获得该土地的一年使用权及土地产出。农作物包含各类蔬菜、大米、菜籽油、水果等。为了方便消费者选择，活动主办方为消费者提供了几款套餐，消费者可根据自身的实际需求选择种植，实现私人定制。

而土地的产出由主办方聘请当地专业农业合作社耕种、护理、收割获得。通过参与聚土地项目，农民获得土地租金，还可以获得为生产合作社工作的工资收入以及外来游客进村旅游带来的额外收入。当地农民经土地流转后所获收入远远高于流转前单独进行作物种植的收入。

作为土地流转与电子商务的结合，聚土地项目涉及投资方、当地农民、农民专业合作社、淘宝用户。在项目运作的同时，投资方浙江兴合电子商务有限公司与农民签订流转合同。截至2014年底，投资方已与安徽瀛洲镇、伏岭镇、长安镇的湖村、龙川、仁里等行政村的近300户农户，签订土地流转合同，期限1年。全国共有3560名用户认购了土地，认购面积430余亩。用户70%集中在江苏、浙江、上海、安徽等地，其余分布在内蒙古、北京、深圳等地。

上述聚土地项目开创了土地流转的新模式（见图7—4），在不改变农地的用途、保证耕地红线的原则下，引入众筹方式，将难以切分的农地使用权属凭证转为可实现较大程度分割的农地产出农产品的所有权、农地生产品种的决定权以及农地观光游览权等销售。

同时聚土地作为电商提供的私人农产品订制服务，通过将农产品的最终消费者与农地经营权所有者直接整合交易，不仅盘活了农地，还解决了农地的生产与销售匹配问题，实质上也开创了生鲜电商的运作新模式。

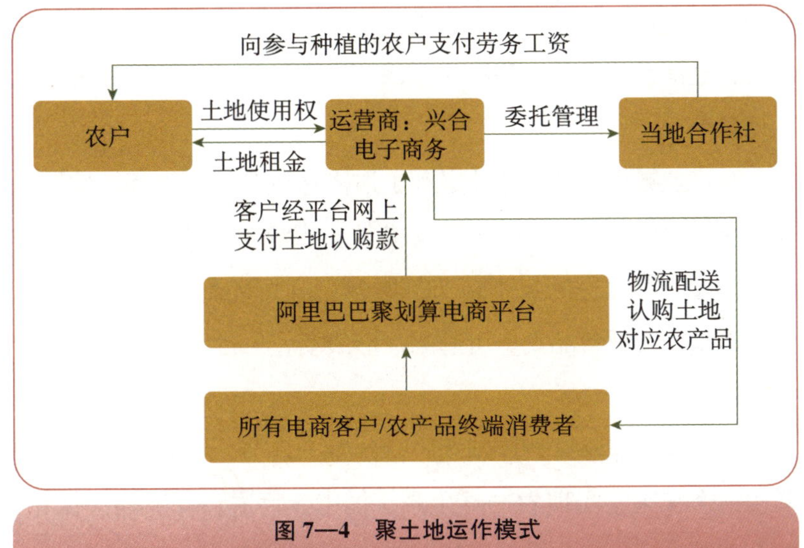

图 7—4　聚土地运作模式

互联网农业生态链

近年来，为抢占生鲜产品电商这块尚未完全开发的电商处女地，越来越多的企业投入生鲜电商，如淘宝、1 号店、京东、乐视乐生活、中粮我买网、顺丰优选、本来生活网等。但生鲜对物流配送的要求极高，且生鲜时令性强，生鲜食品由于运输半径、储存及保鲜问题，难以在全国范围内做到长距离、成本低廉、保证生鲜质量的配送。生鲜电商发展一直相对缓慢，成功率不高，各大电商平台都处于探索阶段。

与目前大多数生鲜电商不同，沱沱工社是农场直达餐桌的全产业链模式的生鲜电商典型代表。

全产业链是指产品供给来源于自有生产培育基地，通过自有销售渠道进行营销后，配备有自建冷链物流体系进行产品运输，最终到达消费终端并收集顾客反馈，反馈信息将指导下一轮种植生产环节。

全产业链模式要求企业必须上游渗透到基地，中间管控好物流，末端抓住客户群。全产业链模式以消费者为导向，从产业链源头做起，对过程的每个环节都实行标准化控制，并环环相扣、环环链动，实现食品安全可追溯，形成安全、放心、健康的全程供应链。

这种模式能够有效控制供应链的每个环节，将农业与互联网紧密结合起来，实现农产品生产、加工、物流、营销的一体化，有利于解决小生产与大市场的矛盾，促进流通的现代化。企业建立产业链能及时掌握市场需求信息，提高整个产业链的运营效率。

2010 年 4 月九城集团创立沱沱工社，定位为专业提供生鲜农产品的电子商务平台，经营范围涵盖蔬菜水果、肉禽蛋奶、粮油副食、海鲜水产等 16 大类、上万种商品。目标客户群为中高端消费者，专注于生鲜和有机产品，通过自建培育基地生产高端有机农产品、自建物流仓储系统确保流通过程中的质量。

由于不同的生鲜商品涉及不同的温区，且包含存储、加工、订单处理及中转配送环节，因此沱沱工社自成立之初，就建立了自有的供应链体系，包含 12 大环节，例如全面质量管理、四温存储、分温区订单处理、果蔬加工、中转分拨、末端冷链配送、全程温度监控等，通过这 12 大环节满足生鲜电商对于供应链的需求。

沱沱工社针对冷链物流的投资已超过1亿元，所有商品均采用全冷链配送。在北京顺义配有6 000余平方米的现代化仓储配送物流中心，集冷藏、冷冻库和加工车间为一体，分为标准库和生鲜库，其中生鲜占40%，自有专用冷藏冷冻车，采用冷链物流到家的配送运作模式。北京作为其主要市场，货物次日送达，远距离地区采用航空配送，目前的市场定位以北京、上海为主，全国各地做小订单测试。

沱沱工社目前在北京平谷拥有一个1 050亩的自营农场，全国拥有8个联合农场。2013年日订单数在2 800～3 000份之间，营业额7 700万元，同比增速达227%；2014年销售额达到1.2亿元，预计2015年可实现3亿元，进入规模扩张阶段。沱沱工社目前已建立包含产品种植、采摘、包装、配送和电商销售在内的完整互联网农业生态链。

随着物联网、大数据等先进信息技术进入传统农业，将给农业转型带来契机，通过生产、流通、营销等环节，倒逼农业变革，让农产品全产业链产生化学反应。推进互联网和农业达到真正融合的关键，应该是着眼于整个产业链的融合而不仅仅是其中的某一环节。

“互联网+农业”现在仅仅是一个开始，网络普及化、产品差异化、经营集约化、服务深度化将推动互联网与农业深度融合。通过重塑农业产业链各个环节，融合整个产业链的信息流、物流、资金流，形成一个互联网农业生态体系，能创造极大的经济效益和社会价值，农业产业链中每个环节都有可能产生万亿元级的市场，未来这个领域一定会有轻量级的 BAT 出现。

中国现代大农业的时代已经来临，基于互联网和物联网的农业信息化发展将势不可当。农业生产智能化、经营网络化、产业生态化的梦想正在照进现实。

INTERNET BUSINESS

ECOSYSTEM

Refactoring Business Rules

第八章

互联网金融生态

2013 年 6 月，支付宝余额理财产品余额宝上线，短短一年内用户数超过 1 亿，规模超过 5 700 亿元，成为世界第四大货币基金。随后腾讯、百度等互联网企业乃至中国电信等通信运营商也纷纷推出宝宝类理财产品。

2014 年春节期间，腾讯微信凭借“摇一摇抢红包”活动，使微信支付在短短几天内绑定上亿个银行账户，成功地将大量非资金账户转变为资金账户。2014 年 2 月，京东率先推出“白条”服务，为京东用户提供 1.5 万元额度以内的消费信贷，用户可在线实时申请和授信，且利率不到目前银行类似产品的一半。此外，P2P、众筹等众多互联网金融新生业态不断涌现，并逐步形成规模。

中国电子商务协会官网的数据显示，截至 2015 年上半年，我国互联网金融产品网民渗透率为 68%，意味着近七成网民使用过互联网金融产品。

来自艾媒咨询的统计数据显示，2014 年我国第三方移动支付市场交易规模达 5.9 万亿元，同比上涨 391.3%。2018 年移动支付的交易规模有望超过 18 万亿元。互联网基金宝宝类产品超过 80 只，85 家保险公司开展了互联网保险业务。2015 年上半年，P2P 网贷正常运营平台数量上升到 2 000 多家，成交量超过 6 800 亿元。

互联网作为普惠媒介正在改写金融行业的竞争格局。互联网具有天然的减少信息不对称的功能，是一种边际成本几乎为零的去中介化工具，而传统金融机构的本质正是解决企业与个人的投资、融资、支付需求的中介机构，因此金融机构赖以存在的基础已经改变。

目前，互联网对金融三大细分领域的改造机会在于，证券交易业务因标准化程度较高，成为被互联网改造最早和最深的领域；互联网银行则通过 P2P、征信业务及供应链金融业务，弥补了传统金融机构未能满足的小微企业贷款需求；互联网时代产生的大数据使得保险产品的个性化定制成为可能，将极大促进保险的精细化发展。

互联网金融与传统金融的价值链差异

传统金融从业者通常会将金融服务看成一条价值链。价值链的最上端是金融机构，最下端是客户。一种金融产品或服务从产生到最后到达客户端需要经历基础设施、产品、平台、通信、渠道、介质和场景等多个环节，而竞争的关键就在于把控价值链（见图 8—1）上的核心环节。

从这条价值链的构造可以看出，传统金融机构普遍仍持有机构本位的思路，产品针对相对中下游的职能，主要依照内部规章制度进行设计。以贷款产品为例，传统金融机构在做产品时考虑的往往是抵质押物、期限和价格等因素，在产品设计完成之后再

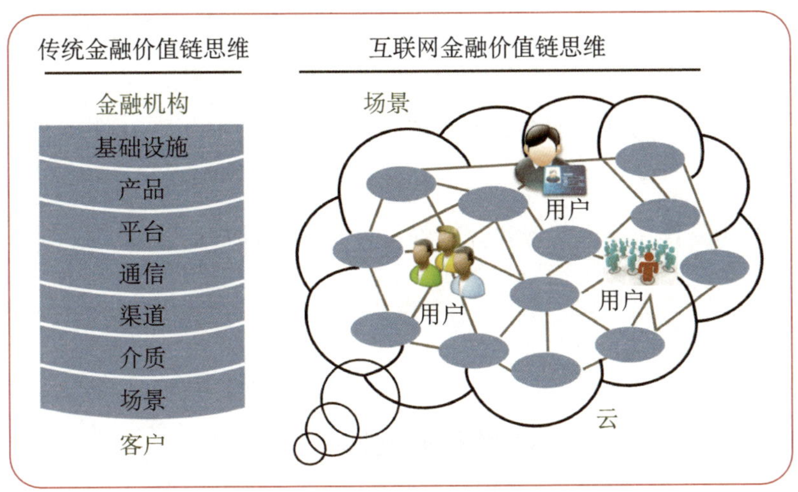

图 8—1　互联网金融与传统金融的价值链差异

资料来源：BCG.

考虑通过哪些渠道销售给哪些客户，也就是说产品生产过程本身离客户比较远，客户的需求要传导到产品研发设计环节也存在一定障碍。

而新兴的互联网金融从业者往往沿袭互联网的思维来看待互联网金融，主要要素包括用户、云、端。用户和用户、用户和云、用户和端之间的互动构成了动态、多维的生态系统。其中，用户是这个系统的核心，云包括云计算以及构建在云之上的数据服务、征信平台等基础设施；端则代表了大量的应用场景以及与场景紧密相连的产品。

在这个系统中，一种金融产品或服务的产生首先源自用户的需求，当某种需求在某个场景中被发现后，再反向进行相应的产品开发，并最终将产品嵌入到场景中，将金融化于无形，体现出从传统工业思维方式到互联网思维方式的转变。

这两种思维有两个最大的不同：一是机构本位与用户本位的不同；二是线性路径与多维网状路径的不同。思维的不同所反映出的也是传统金融行业和互联网行业本身特性与行业发展规律的不同。

INTERNET BUSINESS ECOSYSTEM 互联网金融支付的创新

支付是人们对金融最朴实的需求，支付工具也是应用场景最为丰富的一种金融工具。金融机构的诞生和发展首先起源于支付。例如，17 世纪荷兰阿姆斯特丹银行的诞生最早是为了满足荷兰强大的航海贸易在支付结算方面的需求；19 世纪后半期中国山西票号的诞生也与山西盐商的支付结算需求紧密相关。

如今，互联网金融巨头同样以支付为金融的切入点。例如，余额宝的迅速发展依托于支付宝的普及，而支付宝的发展又依托于淘宝电商的壮大。腾讯进入互联网金融领域也是首先从支付切入，并力求通过丰富的应用场景（如红包、理财和打车等）提升其支付工具的活跃度。目前财付通甚至已接入深圳市路边停车收费系统。与此同时，各大银行及三大运营商也纷纷推出电子钱包和手机钱包业务。

支付业务本身并不是盈利的来源，但它是汇聚流量和积累数据的重要手段，其流量和数据是开展其他金融业务的底层基础。

在互联网金融的背景下，支付被赋予了极大的活力。

首先是介质创新。例如，英国的巴克莱银行 2012 年曾推出一种名为 Pay-Tag 的支付贴纸。用户只要将该贴纸与银行卡绑定，并将其贴在手机或身体某个部位上，即可完成几十英镑以内的小额支付。2014 年巴克莱银行又再度推出名为 bPay 的智能腕带，其中一项重要功能是近场支付。PayPal 目前也与三星合作，开发了基于三星智能手表的支付客户端，使客户能够通过手表的界面操作完成支付。中国国内在移动支付介质上的创新同样层出不穷，比如基于芯片的近场支付、二维码支付、声波支付、光子支付等。中国银联、通信运营商、互联网第三方支付机构、银行等纷纷发力介质创新，并力争控制核心标准。

其次，虚拟货币（如比特币）和网络支付协议（如 Ripple 协议）的兴起，在一定程度上对全球各国中央银行的中心化地位以及传统金融的支付汇兑体系构成了挑战。货币的角色和形态未来会如何发展？移动互联网支付汇兑体系会如何演变？这一切尚有待观察。

最后，目前的支付主要还是基于买卖关系的交易支付，但未来是否有可能出现更广义的支付，比如基于社交或人情的双向支付乃至多边支付？可以说，支付领域的竞争才刚刚开始，并有可能一步步颠覆人们对支付的预期和想象。

支付的数据积累到一定程度，经过特定的加工和整理就能够成为信用基础。未来，随着移动互联网和社交网络的进一步发展，数据的种类、数量及时效性也将得到极大的提高，对个人的信用互联的评价体系也将更为多元、立体和即时。

资料来源：《BCG 报告：互联网金融生态系统 2020》，阿里研究院，http：//www.aliresearch.com/blog/article/detail/id/20055.html，2012-10-23。

互联网金融的五大类别

互联网金融是传统金融机构与互联网企业利用互联网技术和信息通信技术，实现资金融通、支付、投资和信息中介服务的新型金融业务模式。互联网金融消除市场信息的不对称，使得资金供需双方交易成本大大减少。可以说，互联网与金融深度融合是大势所趋，将对金融产品、业务、组织和服务产生更加深刻的影响，改变整个传统金融的行业生态。

面对形式众多的互联网金融业态，按不同的商业模式大致可以分为第三方支付、P2P 网络贷款、众筹、互联网金融销售平台、互联网银行几种主要模式。

第三方支付

第三方支付，是指具备一定信誉保障的独立机构，通过与结算银行签约，提供支付结算接口的交易平台。作为目前主要的网络交易手段和信用中介，第三方支付市场正进入成熟期，迄今国内已有 200 多家企业获得了支付业务许可证，第三方支付的代表有支付宝、财付通、拉卡拉、快钱等。中国电子商务研究中心的监测数据显示，2014 年中国第三方支付市场交易规模达 23.3 万亿元。

支付具有金融、信息双重属性，是整个互联网金融的核心。以前的第三方支付平台主要执行的还是支付功能，未来可能基于沉淀资金做理财业务，基于用户的消费数据做信用分析、营销分析等，成为颠覆传统金融行业的核心平台。

随着我国电子商务环境的不断优化、支付场景的不断丰富，以及互联网金融技术的不断创新，第三方支付机构发展的互联网支付业务取得了较快的增长。而嵌入生活场景、移动化、多元发展和增强金融属性将成为第三方支付未来发展的必然趋势。

智能手机、平板电脑等移动终端的出现极大地推动了移动支付的发展。多种移动支付技术使得移动支付打通了线上线下支付的壁垒，实现了线上线下支付的融合，成为第三方支付行业的蓝海领域。

支付宝和微信支付纷纷走到线下，不论是与 O2O 合作还是走进超市便利店取代 POS 机，都是在向生活场景以及多元化扩展。微信在钱包中开通城市服务，基于生活缴费（水电煤气缴费等）、生活服务（医院挂号等）、政务办事（社保、签证等）、交通出行（订票、路况等）多种生活场景中线上支付链条的打造，进一步丰富第三方支付的应用场景，提高用户的黏度，积累用户大数据，成为未来综合性支付企业的标配。

第三方支付企业在支付结算业务基础上借助其信息数据积累和挖掘的优势，将逐步涉及个人理财、投融资、信贷等金融服务，增强金融属性，扩展第三方支付以外的业务范围。

而占据第三方支付市场主要份额的企业，如腾讯、阿里巴巴，以支付结算为基础、数据流信用生成和风控能力为核心竞争力，逐步向新型金融机构转变，提供综合的金融服务，如互联网银行。同时也会出现依托某些细分市场和特色业务生存发展的细分支付企业，而在支付产业链的各个环节都会有多家企业参与竞争，行业进入多元化快速发展阶段。

P2P 网络贷款

P2P 网络贷款是指通过第三方互联网信贷平台发布资金的需求和供给信息，并进行资金借贷双方的匹配，绕过银行、券商等传统借贷中介，为用户提供直接投融资服务，其本质是一种民间借贷方式。

P2P 平台的盈利主要是向借款人收取一次性费用以及向投资人收取评估和管理费用。贷款的利率一般是由放贷人竞标确定，或者是由平台根据借款人的信誉情况和银行的利率水平提供参考利率。

我国政府积极鼓励互联网金融创新，互联网金融首次写入 2014 年政府工作报告，并加快制定一系列规范 P2P 网络借贷平台的法律法规，中国人民银行在《非银行支付机构网络支付业务管理办法》中提到，支付机构不得为金融机构，以及从事信贷、融资、理财、担保、货币兑换等金融业务的其他机构开立支付账户。目前中国银行业监督管理委员会已经明确规定 P2P 平台的中介性质，除了规定中提到的平台本身不得提供担保，不得搞资金池，不得非法吸收公众资金等政策红线，还将出台更完善的监管制度。

目前 P2P 网络信贷还处于培育期，用户认知程度不足、风控体系不健全，是 P2P 行业发展的主要障碍。由于中国人民银行个人征信系统暂时没有对 P2P 企业开放等原因，大多数 P2P 网贷平台还需要通过视频认证、查看银行流水账单、身份认证，或者通过所在城市的代理商采取入户调查的方式，审核借款人的资信、还款能力等情况，获得个人征信信息来识别风险。

我贷网的统计数据显示，2014 年全国 P2P 网络借贷平台每月资金成交额已超过 300 亿元，平台数量达 1 300 多家，有效投资人达到 50 万人左右。市场知名度较高的 P2P 网络借贷平台有陆金所、人人贷、红岭创投等。

众多的 P2P 网络借贷平台若想在竞争中取胜，一方面要积累足够的借贷群体，另一方面要建立良好的信誉，保证客户的资金安全。随着国家监管部门对 P2P 平台的监管加强，平台资金交由第三方支付机构托管，平台本身不参与资金的流动是必然趋势。另外，与第三方支付平台和电商平台合作，利用大数据技术来识别借贷风险，以及各家 P2P 网络借贷平台共享借贷人信息，建立一个全国性的借款记录及个人征信系统，都将是 P2P 网络借贷的发展趋势。

众筹

众筹的兴起源于美国，即大众筹资或群众筹资。项目发起人利用互联网和社交网络的传播特性，向公众展示自己的创意，争取得到足够的认同和支持，募集公众资金。众筹项目以实物、服务或者媒体内容等作为回报。

众筹目前主要的运营模式有股权众筹、商品众筹、商品+股权混合众筹和公益众筹，其他新型众筹模式也在蓬勃发展之中。

众筹平台的运作模式大同小异，需要资金的个人或团队将项目策划交给众筹平台，经过相关审核后，便可以在平台的网站上建立属于自己的页面，用来向公众介绍项目情况。众筹的规则有三个：一是每个项目必须设定筹资目标和筹资天数。二是在设定天数内，达到目标金额即成功，发起人即可获得资金；项目筹资失败则已获资金全部退还支持者。三是众筹不是捐款，对支持者一定要设有相应的回报。

众筹平台为个人提供发起筹资创意的机会，负责审核出资人的信息，公开创意实施结果，与筹资人分成是平台主要盈利模式。作为一种新型的融资方式，筹资人（融资方）通过众筹平台发布自己的创意、项目或企业信息，平台用户根据自己的判断来进行投资，少量的资金就可以成为一个企业的股东。对创意的提出者或创业者来说，创业成本更低，众筹融资能更好地促进创新、创业。目前市场知名度较高的商品众筹平台有点名时间、追梦网、众筹网、京东众筹等。

股权众筹融资主要是指通过互联网形式进行公开小额股权融资的活动，具体而言是指创新创业者或小微企业通过股权众筹融资中介机构互联网平台（互联网网站或其他类似的电子媒介）公开募集股本的活动。股权众筹平台有天使汇、创投圈、路演吧等。

由于股权众筹具有公开、小额、大众的特征，涉及社会公众利益和国家金融安全，国家监管机构将会陆续出台规范众筹的法律法规，划清债券类众筹、股权类众筹和非法集资的法律红线。未来引入第三方支付机构建立隔离机制，确保众筹资金独立、透明、安全将是股权众筹平台规范发展的趋势，同时投资者也需要严选项目、慎重投资，把握回报预期。

INTERNET BUSINESS ECOSYSTEM 互联网巨头加速布局众筹平台

通过产品众筹解决创业者最初期的产品生产和发布需求，再通过股权众筹把公司运转起来，由此京东为智能硬件创业者提供了递进式的孵化服务。登录京东金融的客户端可以发现，除了权益类众筹和股权众筹，京东也开发了让用户随时发起众筹，并转发到社交软件的“轻众筹”功能。

京东众筹于2014年7月上线，凭借平台优势在半年时间内做到权益类第一名。先行一步的京东背后，苏宁和淘宝也在紧锣密鼓地布局。苏宁已经成立了众筹项目部，吸纳了过去苏宁众包团队的成员。苏宁众筹前期将同样以硬件为主，未来扩展成为全品类的众筹平台，覆盖实物众筹、公益众筹、房地产众筹、影视众筹、股权众筹等全方面。

而阿里巴巴旗下的淘宝众筹从最初的淘星愿转型而来，尽管上线较早，但经历过一段时间的摸索才确定了五个发力方向：科技、设计、农业、工艺和娱乐。未来淘宝众筹还会将重点放在扶持科技、设计类的创新项目。另外，股权众筹也在准备中，只等证监会有一个明确的法规。

京东、苏宁和淘宝现阶段众筹的定位非常相似，均是瞄准了智能硬件。淘宝众筹负责人高征接受媒体采访时表示，科技众筹和创意众筹是淘宝众筹的未来。尽管科技类众筹数量只占淘宝众筹平台的25%，众筹金额却占了整个平台的90%。

2014年，京东、苏宁、阿里巴巴扎堆发布智能硬件平台，通过整合云计算、大数据、营销等资源，帮助创业者降低智能硬件生产成本。其目的不言而喻——吸引创新者和优秀项目进驻，打通整个智能硬件生态链。

业内人士认为，要吸引创业者，有后台的技术资源还不够。智能硬件创业项目还需要募资、营销、推广的帮助，而具有这些功能的众筹平台就被当作智能硬件生态链条的出入口。

值得注意的是，众筹平台已从单纯的集资走向孵化模式。众筹模式带来的不仅是资金和种子用户，筹后服务也被认为是各家平台制胜的关键，当前京东、淘宝等平台都在为众筹项目提供销售渠道和宣传推广，而对项目跳票提出的先行赔付也在完善着整个众筹链条。

根据融360金融搜索平台发布的《中国互联网众筹2014年度报告》，股权众筹市场正在快速升温。报告显示，2014年中国众筹募资总额累计9亿多元，其中第四季度超过了4.5亿元。2014

年股权众筹募资超过7亿元。

资料来源：《股权众筹成热点：京东内测　苏宁阿里筹备中》，中国电子商务研究中心，http：//www.100ec.cn/detail-6238280.html，2015-03-20。

互联网金融销售平台

金融机构将金融产品放在互联网平台上，用户通过用途、金额、利率和期限等条件进行筛选和对比，自行挑选合适的金融服务产品。在这种“搜索+比价”模式下，互联网金融销售平台主要扮演信息中介的角色，本身不参与交易和资金往来。

部分拥有互联网视野的金融机构均已建立自有的金融销售平台，如平安银行、招商银行等。同时，以BAT为首的互联网公司或非金融机构也参与到第三方金融销售平台的搭建中。在这些平台上，用户能通过网络查询、购买各种理财和保险产品。与原来的线下购买相比，网络理财、保险更加便捷、透明，门槛也相对降低，并能及时根据客户的个性化需求，提供不同的产品组合。

互联网金融销售平台多元化创新发展，形成了提供高端理财投资服务和理财产品的第三方理财机构，提供保险产品咨询、比价、购买服务的保险门户网站等。目前在互联网金融销售领域已经出现针对信贷、理财、保险、P2P等细分行业，代表平台有融360、91金融等。

INTERNET BUSINESS ECOSYSTEM

91金融：构建互联网金融服务生态

成立于2011年的互联网金融创业公司91金融超市，最初定位是为金融消费者提供金融产品导购服务，随着与银行等金融机构的合作关系逐渐加深，91金融积累起丰厚的金融用户数据库以及金融产品数据库，同时也开始由前端的营销通道业务向后端的金融交易及产品业务延伸，包括2013年开始与银行合作发行金融产品，为企业提供定制化服务等。经过4年的发展，91金融已经从在线金融产品导购和销售平台，逐步变成互联网金融服务提供商。

91金融通过服务产业链条的完善，构建包含个人消费者、企业级用户和银行等金融机构的金融产品与服务生态体系。91金融已经初步建立起一个以91金融云和91金融开放平台为基础，以在线的金融产品与服务导购平台91金融超市、面向中小企业理财服务的91增值宝、打通资产证券化市场的互联网直接理财平台91旺财、面向二级市场的互联网证券业务91股神、面向金融从业者的专属信息平台91金融圈这五项业务为支撑点，对接数万家金融机构、中小微企业以及上亿金融消费者，每天产生上百万次金融消费业务的金融生态系统。

目前91金融已经与全国300家以上各类金融机构、企业成为战略合作伙伴，其中包括百度、中国工商银行、光大银行、北京银行、海通证券等。成立以来，91金融平台已累计服务金融产品消费者超过200万人，创造了接近1 000亿元的交易量，已经成为国内领先的互联网金融服务平台。

资料来源：《〈创业天下〉专题报道 91 金融：互联网金融高速路上的服务区》，北晚新视觉，http：//www.takefoto.cn/viewnews-457360.html，2015-06-26。

互联网银行

互联网银行是指借助现代数字通信、互联网、移动通信及物联网技术，通过云计算、大数据等方式在线实现为客户提供存款、贷款、支付、结算、汇转、电子票证、电子信用、账户管理、货币互换、P2P 金融、投资理财、金融信息等全方位无缝、快捷、安全和高效的互联网金融服务机构。

互联网银行是技术引领创新、互联网思维传播发展的产物，也是互联网金融造成支付脱媒、融资脱媒、信息脱媒之后在更高层次回归银行业，因此不会复制实体银行“水泥＋鼠标”（设立营业网点同时提供网银、电子渠道服务）的发展路径，而是一个拥有合法商业银行身份的互联网企业。2014 年，中国银监会批复了首批深圳前海微众银行（见图 8—2）、温州民商银行、天津金城银行、浙江网商银行、上海华瑞银行 5 家互联网银行。2015 年腾讯系的深圳前海微众银行及背靠蚂蚁金服和阿里巴巴的浙江网商银行相继开业。

深圳前海微众银行、浙江网商银行等互联网银行将以“轻资产重服务”的发展模式为主，结合互联网，提供高效和差异化的金融服务。

图 8—2　国务院总理李克强考察深圳前海微众银行

资料来源：人民网。

互联网银行不设营业网点，减少或向合作伙伴外包与现场和实物相关的现金、凭证、合同等服务，以视频交流取代面谈、面签、面查等环节。

线上开立电子账户时，网络银行采用业内俗称为弱实名制的做法：用影像识别软件比对开户人上传身份证影像和人脸影像、个人预留公安部照片三者的一致性；依托合作银行绑定银行卡（账户）并完成转账操作；记录客户终生不变的生物特征数据（包括人脸、虹膜、声纹、指纹、掌纹等）。

互联网银行以普惠金融为方向，主要面对个人或企业的小微贷款需求，重点发展中间业务和小微贷款业务，以同业存款消耗富余资金并换取合作伙伴提供各种服务。

互联网金融的出现不仅弥补了以银行为代表的传统金融机构服务的空白，而且提高了社会资金的使用效率，更为关键的是将金融通过互联网而普及化、大众化，不仅大幅降低了融资成本，而且更加贴近小微企业、以人为本。它对金融业的影响不仅是将信息技术嫁接到金融服务上，推动金融业务格局和服务理念的变化，更重要的是完善了整个社会的金融功能，降低了资金流通成本。

互联网金融的发展壮大给银行业带来了一定的冲击，但也为基金公司、证券公司、保险公司、信托公司、互联网公司等带来了新机遇。随着互联网金融创新模式的方向深入发展，将进一步侵蚀传统金融业务领域，改变传统金融的行业生态。

社交金融与金融社交

社交为什么会具有金融属性?

由于金融天然有人的参与，既有熟人之间的借款，又包含陌生人之间的借款，信贷依托社交的载体而进行。借贷很多时候从熟人之间开始，亲戚朋友邻里街坊之间经常有小额的借贷，这种非正规借贷行为在中国乡村非常普遍。之后才是陌生人借款，比如找当地民间借贷机构、地下钱庄、典当行借贷，以及现在的P2P信贷。

当金融风险定价机制不完备时，社交资本成了金融定价的一个重要环节，比如联保贷款、尤努斯的格莱珉模式（格莱珉银行模式属于典型的福利主义小额信贷，即以扶贫和社会发展为最终目的，兼顾机构自身的可持续发展）。

社交化和圈子化可以减少借贷双方的信息不对称，有效保障投资者的资金安全，形成良性的投融资生态。

互联网金融社交的商业化路径

金融转社交的商业化路径自古就有，比如互助会。互助会的通俗说法是标会或做会，在法律上则为合会，是民间一种小额信用贷款的形态，具有赚取利息与筹措资金的功能。互助会的起会人称为会首（或称会头），其余参加互助会的人则为会员（或称会脚）。农业资金互助社、尤努斯的格莱珉银行模式也与此相似。

互联网金融社交的概念有别于社交金融、熟人借贷、P2P网贷这些时下热炒的概念，同时也有别于用传统模式运作的金融服务，而是在金融的功能属性上加入社交属性，同时强化金融属性，最终形成一个集金融数据、金融信息交互、互联网证券、在线付费咨询、应用支付、金融市场评级等于一体的金融生态。

INTERNET BUSINESS ECOSYSTEM 支付宝的愚人节畅想：社交金融系统“到位”

2015年阿里巴巴的愚人节新闻——阿里AlipayXLab宣布推出的社交金融大数据系统“到位”（Alipay Everywhere）（见图8—3）相信还让人记忆犹新。

图 8—3　支付宝未来社交金融系统“到位”

资料来源：支付宝。

这款名为“到位”的 App 是一款以地理位置为基础，集成了 O2O 本地生活、互联网金融、个人征信、大数据、交易匹配系统的终极社交软件，号称任何人的窘迫和慌乱都可以通过它来得到化解。

在“到位”系统中，每个人都可以发布个性化需求。借助由芝麻信用、消费习惯、行为模式、社会评价等因子构建的数据模型，并结合 RCT 技术，到位能迅速、精准地为你找到最合适的帮助者，并引导双方见面完成交易，实现金融转社交的路径。

资料来源：《支付宝的愚人节畅想：社交金融系统“到位”》，36kr，http：//36kr.com/p/531391.html，2015－04－01。

互联网社交金融的商业化路径

社交需求与金融相结合，支付宝 AA 付款、亲密付成了朋友晒友谊、情侣秀恩爱、家人显温情的方式，移动互联网正在改变金融的商业场景，金融在移动互联网时代慢慢成为一种社交生活方式。

2015 年春节，腾讯联合央视春节联欢晚会推出“微信摇一摇抢红包”活动的火爆场景，至今还让人记忆犹新，小小的红包甚至抢了春晚的风头，成为年夜饭的主菜单。微信作为亚洲地区最大的移动即时通信社交平台，通过微信红包的形式切入了社交金融。

腾讯官方公布的数据显示，2015 年除夕当天，微信红包收发总量达 10.1 亿次，春晚全程微信“摇一摇”互动次数达 110 亿次；QQ 红包收发总量 6.37 亿个，抢红包人数 1.54 亿。近乎零推广成本的微信支付发红包活动，使微信支付在短短几天内绑定上亿个银行账户，成功地将大量非资金账户变为资金账户，这就是移动互联网社交产品在金融场景的成功实践。腾讯公布的 2015 年第三季度财报显示，微信支付与 QQ 钱包累计绑定银行卡用户已经超过 2 亿。

腾讯在微信构建的社交网络上，推出微信红包功能，借助节日喜庆时间点，沿袭中国新年发红包传统，广泛应用于微信朋友圈、微信群等社交圈子以强化社交属性，从而更加拉近了真实世界中人与人之间的距离。腾讯微信红包占尽“天时地利人和”，不仅实现了移动互联网社交账号绑定银行账户的目标，培养了用户使用移动支付的习惯，同时打造了社交金融的双向运作模式，既通过社交推动金融应用，又通过金融增强人际交往。

平安集团 2015 年推出壹钱包，意在打造一个可以帮助客户进行财富管理、健康管理、生活管理的移动社交金融服务平台，平安的金融全牌照优势也让壹钱包的功能拥有更多可能，未来将成为一款能打电话聊天、赚钱、花钱、省钱、借钱的电子钱包。平安集团借社交全面渗透大众生活服务，并将其引导到金融服务上，也是传统金融往社交金融渗透发展的一种方式。

互联网金融生态的未来场景

传统金融服务实体经济的基本功能是融通资金，商业银行及股票和债券市场是传统企业资金的主要配置渠道，但存在交易成本大、效率低等问题。而互联网金融可以整合企业经营的数据信息，使金融机构低成本、快速地了解借款企业的生产经营情况，有效降低借贷双方的信息不对称程度，迅速识别风险，提升贷款效率；在放贷后，金融机构可以对借款企业的资金流、商品流、信息流实现持续闭环监控，有效降低了贷款风险和运营成本。

同时，互联网金融在实现安全、移动等网络技术水平上，依托支付、云计算、社交网络、搜索引擎以及 App 等互联网工具，提供资金融通、支付和信息中介等新兴金融服务，相比传统金融服务，具有透明度更强、参与度更高、协作性更好、中间成本更低、操作更便捷等特征。目前互联网金融业务已经涵盖网上银行、第三方支付、P2P信贷、债权和股权众筹、金融资产网上销售和申购等，越来越多在融通资金、资金供需双方的匹配等方面渗入传统金融的核心业务。

面对越来越多的挑战者，传统银行拥抱互联网的变革也在不断加速，如中国工商银行从支付、融资、交易、信息和电商五大领域全面布局互联网金融。此外，2015年深圳前海微众银行、浙江网商银行这类主要依托互联网经营，客户定位为小微企业和个人的互联网银行相继开业，标志着“互联网＋金融”融合进入了新阶段，有望带动整个传统金融业的变革。

场景之争

“金融的生活化”这个概念是指金融不是独立存在于人们的生活中，而是嵌入在众多的生活场景中。支付场景、消费场景、社交场景、游戏场景、生产场景等与互联网金融会形成协同效应，例如有现金流、时间（应收账款、应付账款），同时具有网络属性的场景；在风险定价方面，有信息流场景，大数据提供商和社交场景的触达能够打破信息不对称，使得风险定价更加精确有效。

未来的金融与场景紧密结合，金融蕴涵在特定场景中，看似消失而又无处不在，金融服务不再单独属于金融机构这个孤岛，在有效配置情形下，金融存在于生产生活的方方面面。

互联网金融版图的扩张，实际上就是基于场景的两个维度的扩展，一是扩大目标客群，二是占领用户的生活时间。

扩大客群的方法有很多种，比如地域的扩张、年龄层的扩张、财富层的扩张等。而占领用户的生活时间则需要占据尽量多的应用场景，即流量入口。波士顿咨询集团的《中国数字化新世代 3.0》显示，占据用户上网时间流量最多的是娱乐、沟通、信息获取和电子商务这四大类活动。互联网金融巨头们对用户时间的争夺也紧紧围绕这几大领域展开（见图 8—4）。

来自艾瑞咨询的调研数据显示，2013 年中国消费者最常用的 20 款手机应用分属 13 家独立公司；而在 2015 年，中国消费者最常用的 20 款手机应用中的 17 款已经被腾讯、阿里巴巴以及百度包揽（自有或投资）。BAT 自有应用总共占据手机用户月使用时长的近 40%，如果算上其投资的众多应用，这一比例还将上升至 60%。

然而，场景之争还远远不止于此。在未来对场景的争夺战中，关键是要找准用户生活的主场景，并以此作为核心应用的切入点。这种主场景既有可能是线上的，也有可能是线下的，它不一定占据用户最多的时间，但往往连接的是用户最基本的需求。例如，住宅小区的门禁卡连接的是用户每日回家的基本需求，反映了用户在根本上对安全的追求。门禁卡是否有可能是一个核心主应用？能否在此基础上叠加各种辅应用？场景是金融生活化以及以用户为中心的核心体现，由此，未来对场景的争夺可能需要考验互联网金融企业在心理学和社会学层面对用户深层需求的理解。

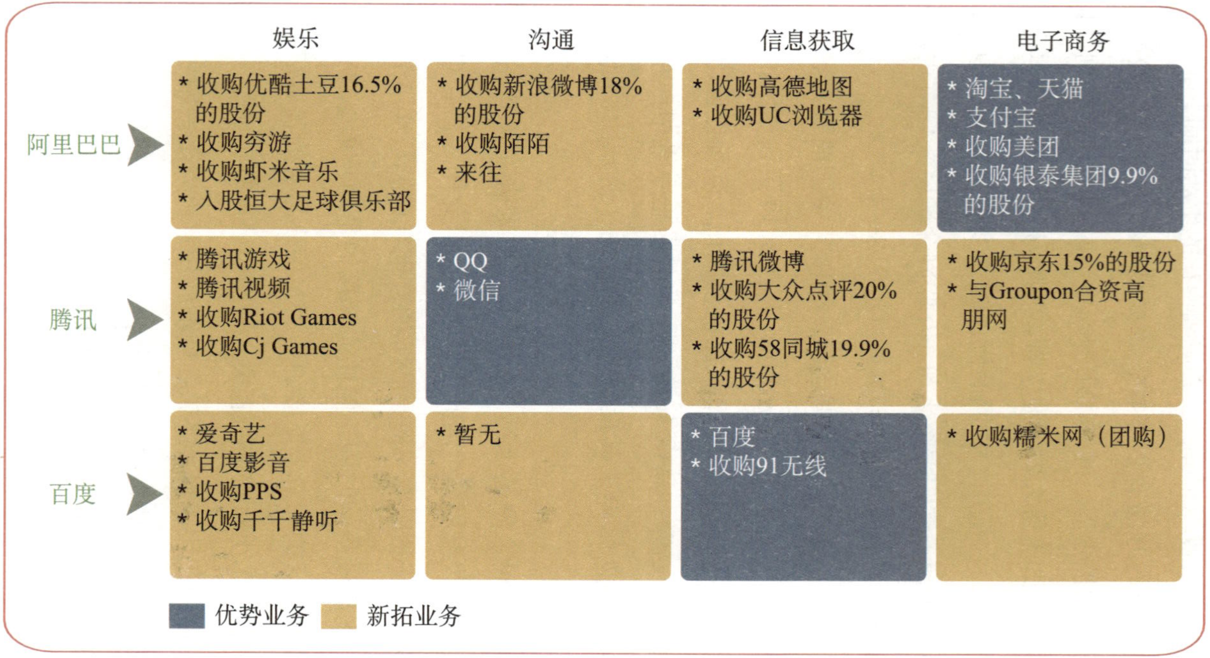

	娱乐	沟通	信息获取	电子商务
阿里巴巴	* 收购优酷土豆16.5%的股份 * 收购穷游 * 收购虾米音乐 * 入股恒大足球俱乐部	* 收购新浪微博18%的股份 * 收购陌陌 * 来往	* 收购高德地图 * 收购UC浏览器	* 淘宝、天猫 * 支付宝 * 收购美团 * 收购银泰集团9.9%的股份
腾讯	* 腾讯游戏 * 腾讯视频 * 收购Riot Games * 收购Cj Games	* QQ * 微信	* 腾讯微博 * 收购大众点评20%的股份 * 收购58同城19.9%的股份	* 收购京东15%的股份 * 与Groupon合资高朋网
百度	* 爱奇艺 * 百度影音 * 收购PPS * 收购千千静听	* 暂无	* 百度 * 收购91无线	* 收购糯米网（团购）

■ 优势业务 ■ 新拓业务

图 8—4 互联网巨头对用户时间的争夺

跨界与融合

随着互联网金融发展的逐步深入，不同市场参与者在竞争的同时，也发现了越来越多的合作机会。

在基础设施领域，互联网企业和运营商所掌握的数据信息有助于形成新的征信体系，从而为 P2P 信贷、众筹、银行信贷等业务提供新的工具；而互联网企业的云计算等基础服务的输出能够帮助中小金融机构降低运营和创新成本。

在产品领域，传统金融机构与互联网公司的合作，如天弘基金与支付宝合作的余额宝、国金证券与腾讯合作的佣金宝，有助于产生更多切合客户需求的创新金融产品。

在平台和渠道领域，互联网平台能够为金融机构提供有助于其广泛接触客户的低成本渠道，助力产品营销。例如，百度财富平台融合了来自银行、基金公司、信托公司、保险公司、小贷公司等各类机构的贷款、理财、保险、信用卡等产品。由此可以预见，互联网金融真正的成功必将建立在深度融合的基础之上。

为了更好地控制风险，传统金融机构往往将更多精力用于打造内部封闭的生态系统。这种做法在过去也许是成立的，但在互联网金融开放、融合的背景下，反而可能限制自身发展的广度和活力。

平安集团通过构建互联网金融生态平台，实现对封闭的传统金融企业形态的解构。

平安集团围绕客户医、食、住、行、玩生活场景建立互联网金融生态圈，通过天下通（金融社交圈）、壹钱包（支付通，支付和交易）、一账通（账户整合和理财）、万里通（商圈和积分）、健康通（健康和疾病管理）实现基于互联网金融的业务平台生态链构建。为了将金融服务嵌入更多生活环节，未来平安仍会针对不同生活场景新增不同分类的业务平台。

其中，主打的平安天下通带有独特的社交属性，这也是能最快盘活用户的理想切入点。平安天下通用创新的方式服务于平安客户，除了具有类似微信的社交功能，找平安模块集合了平安所有各个业务入口，可以为用户提供一站式、全方位的平安掌上金融服务。平安天下通所搭载的领先的 Beacon 技术，可以实现精准定位，从而为用户推送定制化的优惠信息，大大提升客户的使用体验，完美形成了平安 O2O 闭环。

平安银行信用卡也在平安天下通中开设了公共账号，用户可以直接通过平安天下通进行快速还款、账单查询等业务的办理。中国平安借力平安天下通搭建成平安金融生态圈，体现了金融业务与社交沟通的无缝集成。

未来平安的互联网金融平台将着力打造管理财富、管理健康、管理生活三大核心功能，实现与用户的高频互动，并从生活到金融，推动非传统金融客户转化和迁徙成为金融客户。

互联网的发展带动了电子商务的飞跃、服务业结构的变化、产业结构的提升等，由此使得各类具有产业链集中性特征的新型企业出现，并且有可能高效率、风险可控地自发提供或发掘金融资源，不再必须完全依靠传统金融机构或资本市场。

近年来，国家对房地产实施了一系列宏观调控政策，特别是日趋严格的土地和金融信贷政策让房地产行业融资困难重重。诸多房地产企业都在寻求突破融资瓶颈的方法。互联网金融与房地产产业链的深度融合正被更多的房企看好。

目前，针对地产行业的互联网金融平台，一般引入常规的P2P、P2B、P2W、众筹、供应链金融、社区O2O等不同模式，从不同切入口服务买房、卖房、装修、租房等交易的金融需求。当中，房地产和互联网的连接多数局限于产业链下游的营销环节，与金融的关系主要体现在产业链上游的融资。

在房产互联网金融领域，已经出现了四个阵营。第一类是房产类平台端，如搜房网、链家在线、乐居、平安好房、腾讯房产等，都与第三方金融公司战略合作或入股投资，推出针对用户端的首付贷款、投资类产品和针对企业端的产业链金融服务。第二类是房企类。中国房企品牌前20名中有超过一半已经成立了金融集团或金融事业部，由自己来打造用户端金融产品，提高再造血能力。其中万达、绿地、碧桂园都是典型代表。第三类是传统金融公司。以香港上市公司汇联金控为例，汇联金控2013年开始快速转型，推出覆盖房地产全产业链的18款金融产品，市场份额快速扩大。第四类是互联网金融创新型公司。这类公司具有极强的互联网思维，了解互联网金融的行业优势，同时也了解房产行业的特点，如在众筹购房方面表现突出的无忧我房，以及在房租分期领域的斑马租房等。

房产互联网金融是一种颠覆式的变革，通过从B端（房地产商）到C端（消费者）的投融资形式，实现资金有效、快速、安全流转，解决房地产商、建筑商、购房人等多方资金短板等问题，相比传统房地产行业信贷企业融资、购房者贷款乃至房产交易割裂的模式，“互联网金融＋房产”能更好满足整个产业各端的需求，进一步促进房产交易达成，实现多方共赢。

在未来互联网金融的发展中，金融类企业仍将是绝对主导方，随着客户服务由物理网点转向虚拟网络，大数据时代的到来使得大规模的个性化定制成为可能，传统金融机构可以通过自建或合作的方式利用互联网思维和技术，创新盈利模式，改善客户体验。放眼未来，搜索引擎、数据挖掘及云计算等技术的发展，将能够对社交网络传播的海量信息进行筛选、再加工及组织，形成针对性、标准性、动态连续的金融信息，为将来金融企业推进互联网金融业务，提供强大的技术支持。

对于大部分互联网企业来说，受限于政策法规以及在金融领域的积累尚浅，难以涉足传统银行的核心金融业务，互联网企业抢占的市场份额更多地集中于过去被传统金融业忽视的“长尾客户”，它们将在小额信贷等零售业务中与传统金融企业展开竞争。未来，涉足金融领域的互联网企业可能会分化为两个部分：一部分互联网企业有能力跨过规模门槛，通过申请金融牌照、收购中小金融机构等方式，全面进军金融领域；另一部分互联网企业则专注于做金融服务（第三方支付、金融产品销售平台等）、网络设施（服务器、存储、软件、集成、信息安全等）、搜索引擎、数据挖掘及云计算等相关配套服务，从与传统金融机构的合作中分得一杯羹。

互联网金融方兴未艾，相信未来还会出现更多的创新和变革。互联网金融不仅将改变传统金融业，也将改变我们每个普通人的生活。

INTERNET BUSINESS
ECOSYSTEM
Refactoring Business Rules

第九章
互联网内容生态

近期，“互联网+”概念大热。不过，主流互联网公司却是几家欢喜几家愁。有的互联网公司股价连连下挫，有的则多次创出新高。有不少公司都走上从平台向生态发展的路，但市场的态度却不太一样，为什么会这样?

一个关于互联网公司估值方式的观点已经流传多时，并越来越成为业界共识：产品型互联网公司估值为 10 亿美元级，平台型互联网公司估值为 100 亿美元级，生态型互联网公司估值则为 1 000 亿美元级。

平台的脚跟站稳后，下一步就是迈向生态大局。一系列平台型公司，不管是否公开喊出生态的口号，都在加紧按照自己理解的方式布局生态。2015 年以来，最引人瞩目的，就是乐视和小米的生态之争。此外，360、爱奇艺、搜狐、新浪微博等，也在内部和外部寻找各种突破。

不少互联网公司已经认清了生态的重要性，纷纷从搭建平台走向构筑生态。不过，许多互联网公司注意了平台、硬件的重要性，却往往忽略了生态中的重要一环——内容。

其实内容是最重要的入口，没有内容，用户根本留不住。看看现在互联网大佬们的动作就知道，争夺内容话语权、获取更多的内容，对于留住用户意义甚大。无论是 BAT 还是乐视、小米、360，在布局了生态之后，都纷纷在内容端发力，特别是文化娱乐内容，以期建立在文化产业的话语权。阿里巴巴 2014 年在收购文化产业的内容构建上，花费达到惊人的 200 亿元，包括入股华谊、光线两家传统电影企业，并收购了香港上市企业文化中国，改组成为阿里影业。在创业板重新上市的暴风影音，首次公开募股所融资金也将有部分投入内容版权购买。

互联网平台对决进入生态战时代，平台、应用、内容、终端只有深入融合，生态才能运转，谁能先完成融合，谁将抢占先机。

互联网时代消费者行为模式变迁

移动互联时代信息传播方式的改变，有可能会直接或间接地导致人与人之间的沟通行为、社交行为以及学习行为的深层变化，而这种行为主体的行为方式改变又必然会引起消费行为和商业形态的变化。

基于互联网信息快速传播和易于检索的特性，人们通过个人能力而存储或记忆知识的重要性将会大大降低，而快速检索和学习的能力将变得更加重要，但另一方面，人们都更喜欢轻松愉快的信息快餐而非长期艰苦的系统学习，深度的系统思维和全面的思考创新能力极有可能变得稀缺。这样容易导致社会热点造就的意见领袖的影响力，远远超过专业权威的公信力，从“都教授”等娱乐人物所造就的社会影响已经初见一斑。

消费者的认知进化

如果说在移动互联网时代还没有来临的阶段，产品的品质和安全性是大多数消费者选择判断的首要依据的话，那么，进入移动互联网时代后，自我实现、价值观认同和社交分享，将成为影响消费者认知活动最重要的因素。

消费者的这种对产品信息认知由行而下向行而上的转变，将有可能直接导致消费者对商品购买前的决策过程乃至对品牌忠诚度的指向内容产生相应的变化（见图 9—1）。

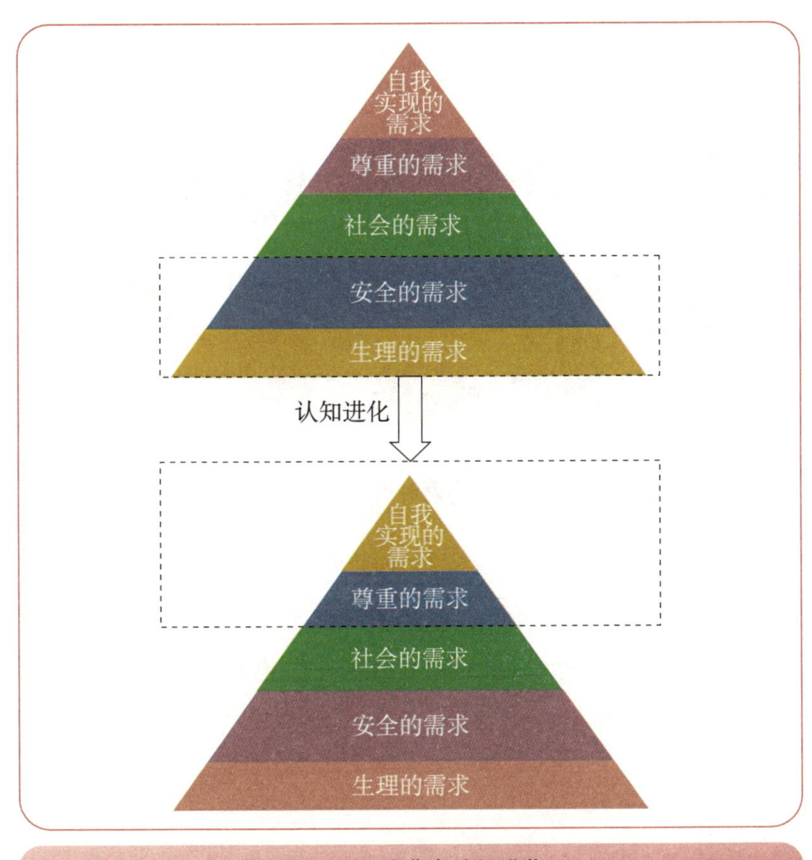

图 9—1　消费者认知进化

进入移动互联网时代，人群在迁徙，行为在变化，触点在分散，路径在泛化，技术在进步，移动设备的用户行为及其消费模式也在进化。原有的 AIDMA 和 AISAS 模式已经不能够适应移动互联网时代营销传播的现实状况。在移动互联网时代，用户行为的消费模型（见图 9—2）正在向 SICAS 模式转变。未来的营销模式应充分利用数据和技术，做到实时感知、应需相应、多点双向、对话连接，实现情感营销。

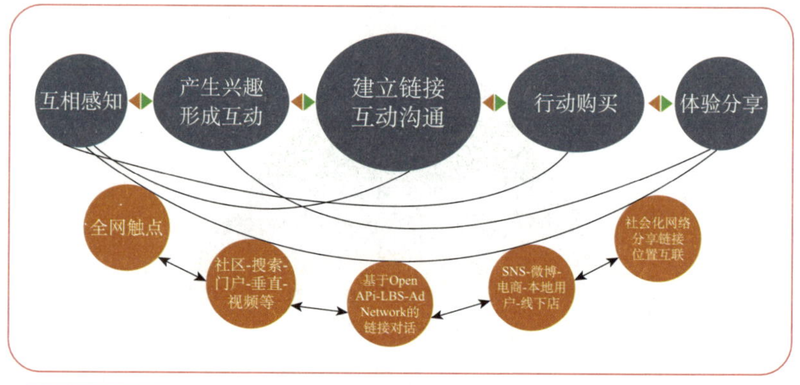

图 9—2　移动互联网时代用户行为消费模型

在 PC 互联网时代，营销界所信奉的消费模式是 AISAS 理论，即引起注意（attention）→产生兴趣（interest）→主动搜索（search）→促成行动（action）→信息分享（share）。

进入移动互联网时代之后，人们很快发现消费者的消费模式发生了改变，于是反映新的市场需求和消费模式的 SCIAS 理论便应运而生。

SCIAS 理论即主动搜索（search）→同类比较（compare）→产

生兴趣（interest）→促成行动（action）→秀出宝贝（show）。

消费者首先搜索需求品类或目标商品，可通过搜索引擎、电商网站，也可以是在线下通过类似“我查查”的移动端进行搜索；通过品类搜索进行同类商品或服务的主动比较，若直接在电商网站搜索目标商品，也会收到同类商品的推送消息；主动了解、比较行为之后如果消费者仍认为存在需求，则会对某一商品产生兴趣并产生购买决策；如果包括硬件、网络、站端服务器、支付系统在内的整个交易过程顺畅无阻，消费者就会完成购买行动；消费者在得到产品/服务后如果认为体验不错，一般就会通过社交媒体秀出来。

秀出来之后的结果分为三类：与大多数消费者的需求不符，不产生任何实际影响，或是对于品牌增加认知或好感度；恰好与消费者需求相符，两人又认识（强关系），则有可能直接促成消费者的消费决策；如果两人是弱关系（如通过微博传播），消费者有此类需求，则会由秀出宝贝→产生兴趣→同类比较→促成行动完成购买动作。

我们可以看出 SCIAS 模型的传播方式也与目前移动互联网的信息传播方式一样，没有终点，在完成首次交易动作之后又会由于强弱关系的差别产生多种结果，这会给企业在各个环节的信息加工带来更多挑战，因为企业需要考虑更多的需求场景，制造更多的完美闭环以推动转化率。

在品牌方面，信息传递成本越来越低，渠道越来越多，传递速度越来越快，使得消费者个体的注意力越来越稀缺和分散。一方面信息的快速扩散可以快速创造热点，另一方面长时间保持住热点传播变得非常困难，消费者品牌忠诚度更差，基于信息传播的快速品牌认知其影响会超越更长期的产品认知。这意味着实力强劲、有能力保持社会影响的少数大品牌会变得更加突出，同时个性化的小品牌有机会快速出现并造成一定的影响，而被时代超越、没有个性或不能保持个性的品牌会快速陨落。

品牌与消费者的关系逐渐由单向的价值传递过渡到双向的价值协同，互动即传播。小米强调成功的秘密在于“兜售参与感”。为什么“兜售参与感”就能够获得成功？互联网时代的品牌，是用户主导的口碑品牌，而不是厂商主导的广告品牌；互联网时代的品牌，是一个个用户评价的产物，是一次次互动中完成的体验。

这个时代的品牌打造方式，一定是让用户参与到产品创新和品牌传播的环节，“消费者即生产者”。尤其是 80 后、90 后的年轻消费群体，他们更加希望参与到产品的研发和设计环节，希望产品能够体现自己的独特性。作为品牌厂商，就必须注意到这种消费行为的变迁。

消费者的代际性格

相比 70 后和 80 后，渐成消费主力的 90 后经历了全互联网化、移动互联网化生长环境，拥有完全多元化、个性化的兴趣标签。而 50 后和 60 后消费者因为 80 后和 90 后的文化反哺，也在努力拥抱这个全数字化的时代。

当今中国网民的主体是 80 后、90 后，他们的互联网行为和使用习惯无疑会影响营销内容的创造。现阶段 80 后、90 后最爱做的五件事情分别是社交、视频、娱乐、体育和时尚。因此，在新的互联网营销阶段，内容的快速迭代、快速享用，都是企业必须重视的。

70 后、80 后、90 后消费者的代际性格如图 9—3 所示。

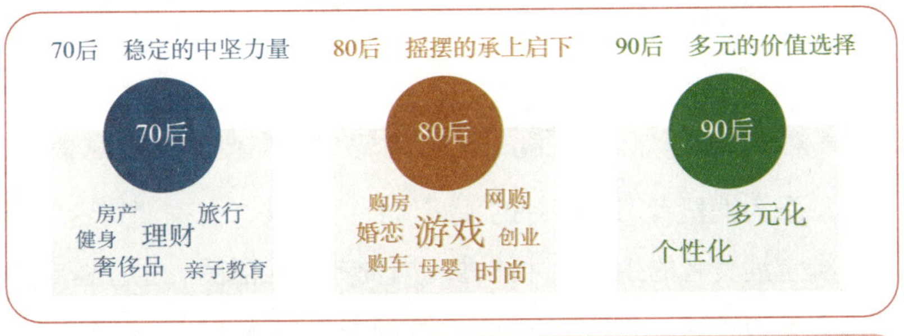

图 9—3　70 后、80 后、90 后消费者的代际性格

消费者的数字画像

虽然数字时代消费者的行为趋向更为复杂多变，但随着智能终端的普及、消费者触媒时间的增长，消费者的精准属性（自然属性、性格标签、人群分类）、精准消费时段、精准位置已经全部可以监测。自然意义上的消费者已成为数字系统中可跟踪分析、可预判行为的消费者画像（见图 9—4）。

在移动互联网时代，消费者不再是倾听者、购买者，而是品牌的合作者，消费者正逐渐占据主动权，成为品牌的参与者；企

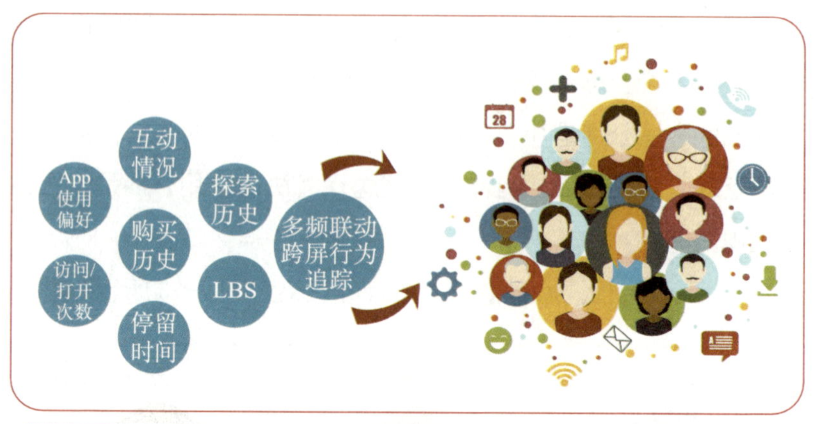

图 9—4　消费者的数字画像

业必须融入消费者习惯接触的新媒体社交方式，占据消费者的时间，绑定消费者的生活，才能进入消费者的生活圈。企业营销必须从原来以产品、品牌为中心过渡到现在以人为中心，整合资源，打造一个营销的生态，这也是内容营销的核心。

传统产业在互联网转型之路上，必须去学习和了解这些行为和思维之变，逐步实现产业互联网化。

互联网内容创意营销模式

企业内容创意营销的大环境从以产品为导向的工业时代，已经进化到以人文精神及情感共鸣为导向的互联网时代。企业品牌需要融入消费者生活，与用户产生共鸣，创意更聚焦于人性与普世价值。

在这个所谓的无欲望时代，那些陷入商品信息海洋而丧失品牌感觉的消费者，唯有情感共鸣才可以触动他们的品牌购买神经；唯有具有格调品性的品牌、商品才有可能进入消费者的心灵地图并占据制高点。

情感营销

什么是情感营销？情感营销就是从消费者的情感需要出发，唤起和激起消费者的情感需求，诱导消费者心灵上的共鸣，从而实现企业的营销目的。

企业需要把消费者个人的情感差异和需求作为企业品牌营销传播战略的核心内容或诉求点，借助情感包装、情感促销、情感广告、情感口碑、情感设计等内容营销策略来实现企业的经营目标。

INTERNET BUSINESS ECOSYSTEM

伟大的安妮：我只过1%的生活

2014年底，一组漫画在网络上疯传，漫画的作者陈安妮（微博名为伟大的安妮）所描绘的以“对不起，我只过1%的生活”为主题的漫画，在网络上迅速发酵走红，短短一天的时间里，在微信朋友圈和微博这两大社会化网络媒体上被无数网友刷屏。在一天之内，漫画在微博上的转发超过43.69万次，点赞34.73万次，评论更是高达8.9万次，当天下午陈安妮发布微博称，这篇文章的阅读量超过了6 000万，已经足以媲美大型媒体的传播效果。而且她开发的应用“快看漫画”更是迅速占据App

Store的免费榜榜首，一举成为2014年度最具性价比的情感营销案例。

陈安妮的这一组漫画讲述的是陈安妮自己走上绘画道路的过程，别人告诉她99%的人不会成为她自己想要成为的人，但是陈安妮选择过那1%的生活，最终3次实现了那1%的生活。故事虽然讲的是陈安妮自己的生活经历，但是包含丰富的情感——充满正能量的励志和梦想主题、90后少女的创业故事、漫画这种可视化的传播形式以及陈安妮自己和困难做斗争的矛盾和冲突，每一方面都是能够引发读者内心共鸣的内容，而且每一部分漫画都环环相扣，引人入胜，这也是使广大读者能够耐心读完这篇文章的原因。

资料来源：李光斗：《情感营销玩转互联网品牌》，新浪，http://blog.sina.com.cn/s/blog_483476660102w0xj.html，2015-09-15。

陈安妮的故事成为网络的热点，也成为人们励志的榜样，但其实安妮并不是第一个使用情感营销取得如此巨大成就的人，在移动互联网时代，通过情感营销取得轰动的媒体效应，已经成为新时代的惯用手法。前有“我为什么辞职卖肉夹馍”，后有“我硕士毕业为什么卖米粉”，都是借着情感的牌子来博得大众的眼球。

互联网加上情感营销似乎已经成为移动互联网时代的成功法则。传统的企业如果要建立自己的品牌，一般要经历知名度的沉淀、美誉度与忠诚度的塑造等漫长的过程；而在移动互联网时代，产品的知名度并不是最重要的，重要的是心理上的好感、身份上的认同、产品的话题以及口碑的传播。在互联网时代，不怕产品有缺点，就怕产品没亮点，不能引起人们讨论的企业在互联网上很难取得成功。

INTERNET BUSINESS ECOSYSTEM 雕爷牛腩：卖的是用户体验

一个毫无餐饮行业经验的人竟然在短短两个月的时间，就实现了所在商场餐厅坪效第一名；风险投资 6 000 万元，估值 4 亿元，成为中国第一家轻奢餐餐饮品牌，这就是用互联网思维开餐厅的雕爷牛腩。

当 2013 年 5 月 20 日正式对外营业的时候，雕爷牛腩就受到了人们的追捧。雕爷牛腩为什么会成功？因为它卖的不是产品，而是用户体验，是对用户深深的情感。先从互联网上引爆热点，再通过微博引流，最后用微信进行深入的客户关系管理，从而打造出自己的粉丝文化，而粉丝对企业是最有情感的，当然也就造就了雕爷牛腩的今天。

资料来源：李光斗：《情感营销玩转互联网品牌》，新浪，http：//blog.sina.com.cn/s/blog_483476660102w0xj.html，2015－09－15。

雕爷牛腩的成功，既是粉丝文化的成功，也是用户体验的成功，但归根结底是情感营销的成功。情感，让产品有了附加值，也让用户对价格失去了抵抗力。当一位白发苍苍的老者褚时健，为自己的褚橙注入“75 岁二次创业种冰糖橙”的励志故事时，褚时健也成功了。互联网的主力消费群体是年轻用户，他们喜欢追求励志、新鲜、时尚、个性等感性的东西，乐意为褚橙这种“别有一番味道”的橙子买单。

雕爷牛腩卖的不是牛腩，是用户体验；褚橙卖的不是橙子，而是励志……这些互联网品牌都有一个共同的特点——卖情感。情感到位了，消费者也就有了。

情色营销

一味地“出位”营销并不太能长久地取悦客户，浮夸而不浮躁的营销手段，更能博得用户的好感。

INTERNET BUSINESS ECOSYSTEM 小红书：“小鲜肉快递”情色话题营销

一端是男色经济的鼻祖阿贝克隆比 & 费奇（Abercrombie & Fitch，A&F）打算放弃性感营销，另一端则是海外购物社区电商小红书的鲜肉快递夺人眼球。

境遇的不同和公司运营策略有关，但不可否认，不管是 A&F 还是小红书，都曾成功受益于性感营销。开业必有八块腹肌猛男助阵（见图 9—5），销售员颜值高于业界平均水平，A&F 曾经依靠男色消费从年销售额 5 000 万美元的低谷升至 45 亿美元。而鲜肉快递营销，也让一直籍籍无名的小红书走到了更多受众面前，App 下载新增近 300 万。

图 9—5　小红书周年庆男色营销

看似美美的噱头，其实终究是产品带来的灵感。产品不是因广告词而生，而是广告词因产品而出。跟随产品是最根本的真理，有内容才能让品牌不断制造噱头。创意是基于产品之上的突破，千篇一律的营销方法终将属于过去，我们要牢牢抓住时代人的心理。

情色营销自然会吸引受众的目光。但是，使用情色营销策略必须把握两个基本前提：一是情色只是手段，绝不是目的；二是所诉求的商品本身与情色有一定的关联性，否则将只会推广情色而无法推广品牌。在使用情色营销策略方面，杜蕾斯算是个中高手。刚好的尺度、适中的深度、追热点的速度、引爆点的持久度，杜蕾斯在这方面无疑是社会化媒体情色营销的典型代表。

情趣营销

对于情趣一词的理解，应该有两个层面的含义，即情和趣。情是指情感、情调，趣是指趣味、乐趣。情感是多方面的，有喜悦、有悲伤、有喜爱、有讨厌等。而情趣是指情感中较为积极的一面，就如同一个人具有幽默和诙谐的性格。

INTERNET BUSINESS ECOSYSTEM 唯品会撒娇节：撒娇也是生产力

撒娇营销，最早是由内衣品牌 Triumph 提出的。在日本 Triumph 是一个 B2C 购物网站，女性消费者可以在网站上挑选喜爱的内衣放入“撒娇购物车”，系统会将支付的价钱及支付方式发送到对应的邮箱，而男友可以选择付款或是拒绝。

Triumph 网站的研究发现，近八成的男人会选择付款。通过“撒娇购物车”，让消费者感受到商家并无任何强制购买的意识，还能促进男女双方间的感情交流。确切地说，撒娇营销的本质就是把简单的物品销售变为礼物销售。

撒娇可以引发目标女性群体共鸣，具有十分明确的营销对象。2014 年 8 月唯品会举办的撒娇节，以向爱人撒娇、向闺蜜撒娇、向自己撒娇，也向唯品会撒娇的活动方式，结合红包加满减的促销模式，打造一种“你撒娇我为你买单”营销方式。

唯品会打造的撒娇节，提倡女性用户撒娇赚得良好人际与宠爱，抓住女性渴望被呵护和宠爱的内心需要，让女人撒娇、男人买单，最终撒娇节活动海量曝光（高达 5 亿次），精准锁定女性网购人群 2 000 万，为唯品会的品牌渗透带来了强大的助推力。

资料来源：《撒娇经济流行：撒娇也是生产力》，网易，http：//money.163.com/14/0804/11/A2Q6KM3500253G87.html?tn=gongxinjun.com，2014-08-04。

互联网内容生态的核心：IP

2014 年，IP 成为互联网公司疯抢的资源。IP 的争夺始于游戏界，但随着互联网公司内容生态的建立，逐步延伸至动漫、影视、衍生品、文学等多个领域。

百度正式宣布成立百度文学，从源头上把控大量的 IP；乐视已囊括大量热门 IP 资源，将完善生态型 IP 商业模式；腾讯的泛娱乐战略也以 IP 授权为核心，进行跨平台的商业拓展……

互联网战场上，生态才是强势的角斗阵型早已是不争的事实，在 IP 运营上也是如此，生态运营将为 IP 的价值挖掘提供一致的基调和广阔的空间，从而延长 IP 的整个生命周期。

影视和游戏是 IP 演绎的两个主要形式，在同一个 IP 的运营上，如何演绎也是需要深度思考的问题。因为一个 IP 的形成和升华需要不断进行用户刺激，让用户情感代入，从而增强用户黏性，生成更高的品牌价值，且并非所有的 IP 都同时适合影视和游戏的演绎，大生态下的综合运营则有利于使多个途径协同发展。如游戏先行可以成为电影上映前的重要宣传阵地，像《极品飞车》；而影视先行则可以迅速收集用户感受为游戏世界观的设定提供参考，如《琅琊榜》。

基于 IP 的变现有很多模式。游戏和动漫公司倾向于走轻路线即线上渠道，从游戏、动漫延展到网络剧、图书、动画、电影，而影视公司更倾向通过地产重路线变现，把线下做到极致。如《喜羊羊》是从动画出发，到图书、电视剧、动画、电影；《小时代》系列是从图书出发，到电影、电视剧、手游；而《极品飞车》是从游戏出发，到网络剧、图书、动画、电影。

无论 IP 以何种形式演绎，强大的发行平台始终是必备，直达用户的渠道整合则是放大器。

比如乐视，很长一段时间里，乐视网在版权资源方面都有着不可动摇的优势。乐视网通过布局内容制作产业链上游，成为内容的出品方和生产方。在全资收购了国内顶尖的电视剧制作公司花儿影视后，打造了众多网络热播剧，如《甄嬛传》、《芈月传》等。

近年来，乐视网凭借垂直乐视生态，已形成了一个从视频内容生产到终端输出全布局的完整生态环境，进而实现了“大制作、大生态、大影响”的连锁规模化商业效应，在乐视大生态下，有着众多乐迷用户基础，IP 的商业运营已然形成了自己的小生态圈。

互联网巨头内容生态竞争态势

移动互联网革命重塑信息形态，内容驱动产业形态重构商业生态成为趋势，互联网内容生态的发展驱动传统内容产业发生变革。阿里巴巴、腾讯、百度、乐视等各大巨头加速布局自己的内容生态帝国版图，未来 IP 资源之争将越演越烈。

阿里巴巴：以资本并购布局内容生态

在 BAT 中，腾讯和百度似乎都以先天优势在内容领域拥有了自己的入口，而以电商起家的阿里巴巴在这方面依靠一系列战略投资，收购传媒公司，补齐内容生态的短板。

其实早在 2013 年 4 月，阿里巴巴就买入新浪微博 18%的股份，成为新浪的第二大股东。

2014 年阿里巴巴开启了媒体帝国版图战略的大扫荡，3 月，阿里巴巴斥资 62.44 亿港元收购文化中国 60%的股权，公司更名为阿里影业。4 月 8 日，阿里巴巴联手史玉柱，以 65 亿元收购华数传媒 40%的股权。4 月 28 日，阿里巴巴和云锋基金宣布以 12.2 亿美元认购优酷土豆，其中阿里巴巴持股 16.5%，云锋基金持股 2%。6 月，阿里巴巴向科技评论媒体虎嗅注资，占股 15%。10 月，阿里巴巴注资封面传媒，占股 30%。11 月，阿里巴巴向华谊兄弟注资约 15 亿元，占股 8.80%，同时推出娱乐宝。

2015 年 10 月，阿里巴巴通过蚂蚁金服向互联网创业公司服务商 36kr 注资约 1.5 亿美元。11 月，阿里巴巴对优酷土豆的收购达成最终协议，后者的估值高达 56 亿美元，成为国内传媒领域金额最高的一起收购案。在音乐内容方面，阿里巴巴先后收购虾米、天天动听，进一步布局音乐内容生态。

毫无疑问，阿里巴巴的媒体内容生态已经通过资本并购实现全面构筑，阿里巴巴的战略式大跃进对于同类行业的其他参与者将是毁灭性的遭遇。通过对内容生态的并购、对科技业界话语权的掌控、对传统媒体的战略掌控、对新媒体的战略再布局，阿里巴巴的逆生态战略直接跨越对内容生态的重构，战略资本直接进入操纵层面，相比于其他互联网巨头，阿里巴巴的资本战略达到了史无前例的巅峰。

腾讯：内容驱动生态变现

腾讯素来具有内容和社交的基因优势，PC 时代凭借 QQ 的即时聊天通信属性天然聚集了因内容而生的用户，移动时代凭借手机 QQ、微信等极受用户欢迎的社交软件再现 PC 时代的辉煌。内容和社交是腾讯的根本命脉，以内容布局生态，再以内容生态分别切入媒体、游戏、电商等领域，成为腾讯构建生态的基本战略步骤。

腾讯的生态战略是典型的从内容到商业的渐进战略，由底层到顶层，内容细分裂变媒体生态，媒体切入服务、工业、农业等各个产业形态，进而演化出更多更加细分的产业形态，以内容驱动生态商业变现。

PC 时代，腾讯借助自身庞大的用户群体，积极实施区域化媒体战略布局，实现了腾讯媒体的区域落地。2006 年 4 月，和重庆日报报业集团旗下的《重庆商报》合作共建大渝网，51%战略控股，后又分别同本地媒体合作或者自主建立大粤网等。腾讯的媒体区域化布局早已遍及全国，从上至下，内容生态俨然成型。

始终强调全产业链覆盖的腾讯，组建腾讯游戏、腾讯动漫、腾讯文学、腾讯电影，四箭齐发，并格外注重上游内容积累，与盛大联合成立阅文集团，一举垄断国内网络文学 IP 资源，意欲打造 IP 航母。

随着小说、影视剧和游戏的受众在互联网多屏时代快速交叉融合，网络原创文学成为内容 IP 的最大蓄水池。数据显示，腾讯阅文集团已经覆盖 400 万作家团队、拥有近 1 000 万部作品，轻易拿下网络原创文学 80%以上的市场份额。优质 IP 改编方面，《步步惊心》、《甄嬛传》、《裸婚时代》、《致我们终将逝去的青春》等人气作品，有超过 90%来自阅文集团这艘文学航母。

目前游戏是腾讯最大的收入来源，游戏之外还延伸至其他内容，比如动漫、文学和电影等，通过这些内容平台，构建打通多种文创业务领域的互动娱乐新生态。

未来腾讯将通过深化和内容产业的合作，包括电影和游戏等；在海量用户的基础上，定位“连接器+内容”，将内容和服务通过腾讯的平台连接起来，以 IP 链接上下游，进而形成全产业链的布局。

乐视：内容成为生态核心竞争力

乐视在版权、自制、体育、音乐、影业等领域网罗了众多强档资源，不断巩固其在内容领域的地位。乐视的内容平台包括乐视垂直生态的版权内容平台，如花儿影视、乐视影业、乐视自制内容和乐视版权库中的所有内容。此外，乐视开放生态的内容平台包括乐视云切入所提供的云技术内容和乐视战略合作伙伴所接入的内容，乐视云可以提供包括拍摄、上传、存储、转码、分发、播放六大环节的服务，从内容制作到终端呈现，将整条内容产业链打通。

而乐视音乐和乐视体育在成为独立公司之后势头强劲，创造出更多更加多元化的精彩内容。乐视音乐以“音乐＋科技＋互联网”的定位在音乐产业垂直纵深发展，打造新的音乐产业生态系统，陆续举办了邓紫棋北京演唱会、张北草原音乐节等大型热门音乐盛会。

乐视体育在实现精品赛事完整覆盖的同时全面打通体育产业链，开始自主运营体育赛事。将国际冠军杯引入中国，并在直播中第一次向外界展示了全球独有的三路 360 度全景直播和 7 路视频直播，创造了大型体育赛事现场直播的记录。

乐视以内容为核心竞争力，通过智能硬件免费的手段，抢占移动智能终端入口。内容生态连接乐视的三大端口——乐视智能硬件、乐视网平台、Letv Store。乐视智能硬件终端目前已经覆盖超级电视、超级手机、超级汽车、超级自行车、耳机、机顶盒、路由器、充电器等。乐视超级电视、超级手机等终端持续放量，包括电视机、PC、Pad、手机及电影屏幕在内的五屏互动成为现实，目前已覆盖高达 14 亿用户。

乐视的版权、自制内容可以在横跨五屏的智能终端上为用户呈现极致体验，实现与观众的零距离交流；而乐视商城与乐视生态天猫店等电商平台，也让基于内容的衍生品有了输出渠道，无形中拓展了内容产业链的纵深影响力；在乐视 Letv Store 上的数千款 App 涵盖了游戏、动漫等类别，可以为乐视内容产品进行跨行业开发量身定制。而乐视云的平台开放会进一步带动终端传统企业的互联网转型，例如影视制作行业、电视台、教育行业、医疗行业等，这也必将带动乐视内容平台的开放。众多优质内容，通过乐视云所提供的服务，最终不仅可以抵达那些企业会员或用户，更可以通过乐视内容平台的开放，抵达千万级甚至上亿级的乐视会员。

从现在互联网巨头的布局来看，已经不局限于单个产品本身，而是普遍围绕生态展开，纷纷抢用户、抢入口、抢内容。

目前平台型互联网公司大抵存在以下四种情况，一是无生态，无内容；二是无生态，有内容；三是刚建起生态，暂无内容；四是刚建起生态，已经有内容。

互联网战场上，无生态无内容的平台商已经没有未来，衰落不可避免。社交网络平台人人网的股价一度跌到 2.45 美元，市值仅剩 8.95 亿美元，而在 2011 年，其股价最高达到 11.32 美元，市值在 40 亿美元以上。作为一个用户生成内容的社交平台，人人网已经沦为一个晒娃和晒海外生活照片的发布平台，大多数用户已经抛弃这一平台，它被资本市场抛弃也只是时间问题。

无生态有内容的公司，日子也不太好过，典型例子就是遭到市场强烈质疑的优酷土豆。优酷和土豆合并之后，号称是中国用户数量最大的视频网站，一度对标 YouTube，虽然有海量视频内容，但是到目前为止仍然是一个单纯的视频平台。这样一方面导致渠道、入口过于单一；另一方面又导致内容无法流转运营，内容的成本过高，优酷土豆长期亏损就是这种情况的恶果。

初步建成生态的小米和 360，都缺乏内容，目前正在加速自身内容生态的布局。小米邀请新浪前总编辑陈彤加盟担任副总裁，负责内容投资与内容运营，又以 10 亿美元投资入股爱奇艺与优酷土豆获取更多内容资源；360 结盟酷派布局移动入口，又与光线传媒合资成立视频公司，补齐自身的内容短板。

未来，在内容这一节点，小米与 360 能否让外来的内容匹配进自己的基因，是决定它们的生态链能否与外来内容端融合的关键。

未来谁将内容与互联网生态更好地融合，谁就将跑在前面。但内容端要与互联网企业的基因进行融合，基因配型是关键。没有互联网基因的内容端，恐怕难以融合进互联网生态；无法融合的生态，恐怕前途堪忧。

INTERNET BUSINESS

ECOSYSTEM

Refactoring Business Rules

第十章

传统企业如何构建互联网生态

移动互联网已经不仅仅是“术”和“器”，更是“道”和“法”，伴随着网络和终端无处不在。作为生产要素、管理元素，移动互联网融入生产、管理、销售的各环节，打通各个节点，大大提升生产效率。在这个过程中，移动互联网起着基础性作用，是生产、管理、营销的基础。移动互联网对传统行业的改造，已开始从消费服务领域向生产领域渗透。

未来将不再是单个企业的竞争，而是互联网生态系统的竞争。

在新一轮移动互联网大潮中，用户、产品、市场发生了哪些变化？大数据、云计算等新技术日益成熟，移动互联网又颠覆了哪些传统行业？企业应该如何抓住机遇，布局自己的互联网商业生态体系？

如何打造互联网产品

针对海量的用户需求，在设计产品功能时，需要在主流目标用户中寻求用户需求和产品成本的最大交集，以简单易用的产品切中用户的核心痛点。

在定义产品时，不仅需要考虑用户对功能和质量的期望，更需要考虑主流目标人群的成本可接受区间。以智能硬件和 O2O

服务来说，大部分互联网项目都是以中间市场定位切入的，即以中低的成本和中高的质量满足最大范围用户的需求，因此，产品需要在质量（或功能）和成本之间寻求最佳的平衡。

对于互联网产品来说，遵循刚需、高频的原则，可以更好地保证在用户扩张方面不会过早地遭遇瓶颈。

挖掘消费者的痛点

什么是痛点？痛点是指消费者在体验产品或服务的过程中，原本的期望没有得到满足而造成的心理落差或不满，是消费者在使用产品之后产生的各种各样的困惑、难受、纠结等负面心理情绪。企业必须高度重视并努力解决上述这些问题，从而使消费者在使用产品之后能够对产品产生更舒服、更安心、更信赖的积极正面的心理情绪。

挖掘痛点是真正站位在消费者的需求基础上，发现消费者的真实需求并力求满足这些需求。360 因为发现电脑用户有 90％的人不懂电脑，常常被病毒和流氓软件侵害的痛点，开发了 360 安全卫士来帮助用户管理电脑，以免费的策略迅速占领用户的桌面，目前用户已超过 4 亿。如果 360 不是强调“电脑安全卫士”而仅仅是“杀毒”，恐怕效果并不会好到哪里去。

坚果淘品牌三只松鼠，也是精准把握用户的需求，发现并抓住消费者在购买坚果类产品吃得不方便这个痛点，在产品销售时提供相应的工具，让消费者由始至终都有个好体验，也因此在很短时间里成为国内干果销售第一品牌。从买不买，到买了怎么吃，这就是传统营销向互联网营销转变时出现的新思考角度。

用时下最流行的话说，好的产品和服务一定要找到用户的痛点。互联网的经验主义可以帮助我们去判断和找到这些痛点和需求，但如果我们追本溯源，用户的痛点、需求或者说是人性的欲望究竟缘何而生？

马斯洛需求层次理论与产品属性

美国心理学家马斯洛曾提出人类的需求五层次理论，他将人类的需求从低到高按层次划分为五类：生理的需求、安全的需求、社会的需求、尊重的需求和自我实现的需求。企业在设计和开发新产品时，应该充分利用马斯洛需求层次理论针对不同消费者的需求设计和开发相应的产品或功能，以满足不同消费者的不同需求。

(1) 生理的需求。即满足人们生存和生活的日常基础所需，如吃穿住用行等。基于美食的大众点评、公交指南的百度公交、提供生活综合服务的 58 同城等是此类满足生理需求的产品。

(2) 安全的需求。人类的这类需求主要表现在对健康的担心、对贫困的恐惧、对未知的忧心等，是人们缺乏安全感的心理倾向。而体现在互联网产品上，安全需求表现为对网络使用流畅性、安全性的主张，比如网民上网容易遭受流氓软件、病毒、恶意代码、垃圾内容等危害电脑安全的威胁。围绕这一层次的需求，瑞星、金山、卡巴斯基等国内外知名的杀毒软件应运而生。

(3) 社会的需求。这一层次的需求包括两个方面的内容。一是友爱的需求，即人人都需要伙伴之间、同事之间的关系融洽或保持友谊和忠诚；人人都希望得到爱情，希望爱别人，也渴望得到别人的爱。二是归属的需求，即人都有一种归属于一个群体的要求，希望成为群体中的一员，并相互关心和照顾。交流与沟通是人类永恒的基础需求，所以无论是互联网时代还是移动互联网时代，社交产品永远都不缺机会。

（4）尊重的需求。每个人都有被尊重的需求，都希望展现自己，获得人们的认可。信任和认可，也更多体现在社交过程之中。每个人的尊重与被尊重都存在于社交网络中的交流互动之中。所以，尊重需求可以深度暗合在社会需求之中。

（5）自我实现的需求。这是最高层次的需求，即实现个人理想、抱负，最大限度发挥个人的能力。进入这一层级，人们对自己的表现或者获取的成绩都已非常满意。在一定程度上，炫耀也可以理解为人们自我实现的外在表现，尽管这种表现更多地表现出人们的主观心理状态。

在马斯洛看来，人类价值体系存在两类不同的需求，一类是沿生物谱系上升方向逐渐变弱的本能或冲动，称为底层需求和生理需求。另一类是随生物进化而逐渐显现的潜能或需求，称为高级需求。

人们都潜藏着这五种不同层次的需求，但在不同的时期表现出来的各种需求的迫切程度是不同的。人最迫切的需求才是激励人行动的主要原因和动力。人的需求会从外部得来的满足逐渐向内在得到的满足转化。

马斯洛的上述需求层次与产品需求之间，存在如下规律：

一是越靠近底层的需求越是刚需。一款应用或产品，最核心的问题是其解决的需求是不是刚需。所谓刚需，即需求是硬性的，是必需的；与其对应的是弹性需求，只是在某些场景下才需要，是可选择的，是非必要的。

马斯洛所说的最低层次的需求生理需求，如生活类的吃穿住用行，即为刚需。其上一层次的安全需求，也是普遍存在的。而越往上，则变得越来越不必要，如自我实现，变得可有可无，变得因人而异，变得有选择性，不再是所有人的必需。

二是越靠近底层，需求越工具化。几乎越是底层的东西，工具属性越强。就像美食、租房、公交应用等，只有在需要的时候才打开使用，已成为一种工具。基于底层的工具类需求，黏性未必最高，但一定是生存最久的。

三是越靠近高层需求，则新鲜感驱动越明显。新鲜感驱动的东西，比较容易扩散和裂变，可以在非常短的时间内，获取巨大的用户基数，但难以形成强有力的黏性，用户的留存比较难以保证。

同一时期，一个人可能有几种需求，但每一时期总有一种需求占支配地位，对行为起决定作用。任何一种需求都不会因为更高层次需求的发展而消失。各层次的需求相互依赖和重叠，高层次的需求发展后，低层次的需求仍然存在，只是对行为的影响大大减小。

因此基于高层次的需求所形成的产品，今后如何制定相应的策略以便吸引更多的目标用户，并通过其他低层次的基础需求将其留存，将是未来能否持续稳定地生存下去的关键。

总体而言，一个好的产品，一定是深谙人性需求，并且能够持续稳定地产生用户黏性的产品。

从人性中发现产品需求

13 世纪道明会神父圣多玛斯·阿奎纳列举了人类最原始的欲望，或者说是原罪，包括虚荣、懒惰、贪婪、色欲、愤怒、窥视、嫉妒七宗罪。这些原始欲望从出生开始就牢牢刻在了每个人的内心深处。

而现在，互联网像水和空气一样成为我们生活的必需品，各种各样的产品应接不暇。但是几乎所有成功的产品，都是利用弱点营销，针对人性的弱点，激发人们的欲望。

人性既具有先天的善，也具有后天的恶，此处我们不打算对人性做深入的探讨。不过，从产品开发的角度而言，企业应该充分重视和利用人性的弱点来设计产品的功能。

人性在互联网产品上的映射形式表现为：（1）色欲：结合 LBS，结合共同喜好的社交行为，是用户交友的原始刚需，如成人网站、YY、陌陌、劲舞团、豆瓣小组等。（2）虚荣：帮助用户实现爱美爱炫之心，使用用户等级的分级策略，如 QQ 会员、游戏角色等级等。（3）贪婪：给用户比预期的更多，让用户觉得超值，甚至赚到了，如电商、团购网站等。（4）懒惰：懒惰在产品上体现为不用思考，降低门槛，让用户体验便捷、轻量、简单的操作，如微博、网购。(5) 嫉妒：嫉妒跟贪婪一样，因不能满足的欲望而产生。贪婪通常与物质财产有关，妒忌则与他人的成功等精神层面的东西有关，而正是社交网络把全世界的嫉妒连接起来。

当然，除了相对阴暗面，人性还有很多美好面，比如正义、同情、感恩、爱心等。通过深层挖掘，提供产品的相应功能和服务从而满足用户精神、物质等多层面的需求，是互联网产品成功的基础要素。

如何构建生态圈的核心：用户社群

在工业时代，企业以经营实物为主，通过低价购入、高价出售的方式售卖有形的产品获得利润。一手交钱，一手交货，在这个过程中企业获得其应有的利润。不过，这种获取利润的方式即将由于互联网时代的来临而改变。

在互联网时代，特别是在移动互联网时代，实物产品只是工具或者连接用户的载体，用户才是资产。

小米、乐视的成功，验证了互联网企业未来经营理念从以商品为中心转向以用户为中心的趋势，用户成为企业最重要的资产和变现的基础。未来企业 70%的利润来自服务，商品本身将不再成为盈利的手段，而成为一个连接用户的载体。

商品本身将不再成为盈利的手段？是的，这就是互联网时代的玩法。从这个意义上说，如果仍然依靠售卖实物商品来实现盈利，并且作为企业唯一的盈利方式的话，那么企业经营将会变得越来越难。

那在移动互联网时代，企业应该怎么赚钱?

未来的商业市场，得用户者得天下。以小米公司为例，小米把手机当成入口，用零利润的硬件产品聚拢用户，根据用户需求打造产品链，通过内容、增值服务获取利润。目前小米 MIUI 2015 年 2 月已经拥有 1 亿用户，这意味着中国移动互联网流量有几乎 20%在 MIUI 上。现在小米的所有产品，包括手机、盒子、电视机、随身 WIFI、移动电源、路由器等，都可以通过小米社群销售。预计小米 2015 年销售额将超过 1 000 亿元。

在移动互联网时代，产品只是入口，社群经济才是真正的商业模式。

什么是社群? 以兴趣、关系聚集用户，用户通过社群对品牌、产品形成全面认同，共同的价值观和兴趣因形成社群而留存，最后有了深度联结的用户，开始口碑推荐和病毒式传播。围绕社群和粉丝需求延伸产品群，带来新的用户连接，就拥有了推送更多产品与服务的可能。

如何打造成功的社群

一个成功的社群必须包含利益共同点、结构、运营、输出、复制五个要素。

聚集利益共同点

社群得以形成的本质原因是其成员之间由共同兴趣标签而形

成的关系连接。例如，产品同类、兴趣同类、标签同类、职业同类、感情群同类、价值观同类等。

有效规划结构

社群构成的第二要素是结构，它决定了社群的存活。

很多社群之所以很快走向沉寂，是因为最初并没有对社群的结构进行有效的规划，这个结构包括组成成员、交流平台、规章制度、内容话题。这四个组成结构做得越好，社群活得越长。

（1）成员：社群的结构中最为核心的要素就是其成员。一个社群除了中心人物，还要有意见领袖、活跃分子等。

（2）平台：平台是社群之所以存在的一个载体，所有的成员必须而且只能借助于平台开展相互的沟通及交流。平台又可以进一步细分为线上平台和线下聚会交流平台。线下活动是为了增加粉丝之间，以及粉丝和公司之间的接触点和接触频率。

（3）制度：社群是由形形色色的成员组成的，不同的人自然就会有不同的主张和不同的想法。因此，一个社群如果希望能够正常和良性地运作，就必须制定相应的规章制度，设置进入门槛、运营规则，把非本群属性的人过滤掉。

（4）内容：建立社群的初衷也许只是方便有相同兴趣和爱好的成员之间的沟通与交流，但是，当社群的成员集聚得越来越多时，自然就不可避免地会产生商业行为。而商业行为之所以得以运作或成功，则又是因为策划设置了能够引起成员广泛兴趣的话题性内容。从这个意义上说，社群营销的本质就是场景化，而在群里构成场景化的唯有话题二字。

良好的运营

良好的社群运营是商业活动得以介入的基本前提。我们认为，在社群运营的过程中，应该主要把握以下四个基本要素：

(1) 荣誉感。即对社群中对本社群的集聚发展有所贡献或愿意将个人的资源与社群分享的成员授予荣誉，包括达人/铁杆粉标志、入群仪式等。

(2) 参与感。参与感主要有两个方面：一是在产品上的参与，即与用户互动来做好产品，产品型社群的例子有小米社群。二是在营销上的参与，即靠用户的口碑来做好传播和营销，让用户感受到参与感，这几乎是用户转化为粉丝的必经途径，而用户也需要这种参与的成就感。无论是微博的一场骂战，还是论坛的一个帖子，都是参与感的有效形式，而这个前提是需要设计对外开放的节点，即将哪些环节开放出去，让用户参与。

(3) 组织感。即社群自身在线上线下所开展的各项活动都必须有明确的目的性和细节的规范性，尤其是在商业活动中一定要及时将活动的运营流程数据化、进行反馈等。

(4) 归属感。以上三点做好，自然而然就会产生归属感。[①]

稳定的服务输出

所有的社群在成立之初都有一定的活跃度，但若不能持续提供价值，社群慢慢地就会活跃度下降，沦为广告群。没有足够价

① 参见《关于社群玩儿法，这一篇就够了!》，新浪，http://blog.sina.com.cn/s/blog_94bec68b0102vpef.html，2015-08-25。

值的社群迟早会成为鸡肋，群主和成员就会选择退群或者解散群。

好的社群一定要能给成员提供稳定的服务输出，这才是成员加入该群、留在该群的价值。比如罗胖坚持每天一条语音，大熊坚持定期干货分享，秋叶有课程和动手实践，某些行业群定期可以接单等。

社群的输出包括产品输出和用户利益回报。产品输出包括产品、众筹等，用户利益回报包括分销、产品试用等。

易于复制

由于社群的核心是情感归宿和价值认同，社群越大，情感分裂的可能性就越大。一个社群如果能够成功复制多个平行社群，就会形成巨大的规模，必然会在情感归宿和价值认同两者间获得平衡。

社群的复制必须具备三个层面的准备。

（1）核心层的创造。是否已经构建好自组织？是否具备充足的人力、财力、物力？不能过于围绕中心展开，但也不能完全缺乏组织。

（2）亚文化的形成。社群本身价值观是否明确，对产品的态度是否一致，是否有相对固定的社群规则，是否形成了一种群体沟通的亚文化，比如大家聊天的语气、表情风格是否一致？这些都是社群生命力的核心。

（3）多中心的培养。是否已经组建了核心群？要有一定量的核心成员，他们可以作为社群的种子用户加入，引导社群往良性的方向发展。[①]

社群的价值变现

从商业角度看，社群运营成本包括时间成本和资金成本很高；从社会角度看，社群聚合了较多人群时，就具备了组织的特性，就有了价值变现的可能。

一般而言，社群变现主要有以下三个核心要素：目标用户、目标用户的核心需求、产品。

虽然社群都希望能够将社群的人气转变为资金，但是大多数社群似乎并没有那么好的运气。我们以为，社群变现难的原因有以下四点：一是社群本身不具备变现基因；二是缺少好的产品；三是粉丝不够精准；四是不懂社群营销，社群营销的本质是场景化营销，需要通过话题的方式产生购买氛围。

如果上述社群变现难的原因基本属实的话，那么，我们就可以较为清晰地针对上述问题提出一个相对比较正确的社群变现难的解决方案。

首先，给社群植入变现基因。例如，建立社群之初，就明确商业化的预期，接受的留下，不接受的可以退出。

其次，打造有市场竞争力的产品。例如，强调产品功能性、传播可读性、文案设计的趣味性。

再次，确定粉丝画像，界定社群的基本构成，包括具有什么

---

① 参见秋叶、秦阳等：《社群营销：方法、技巧与实践》，北京，机械工业出版社，2015。

样的年龄结构、性别结构、收入结构、职业结构等。

最后，进行场景化营销的尝试。例如，创造一系列的话题、提供一系列的服务，从而创造出变现的场景。

如何构建生态圈的通路：场景营销

在大部分情况下，企业所提供的产品和服务应该符合用户的使用习惯和心智认知，也就是对用户的具体使用场景必须有所洞察。绝大部分用户在选择产品时都是遵循追求最简和趋利避害的底层原则。

比如，设计一款老人或者儿童社交产品，就应该考虑老人或者儿童社交的场景特点以及使用习惯。而对于很多互联网产品来说，产品本身提供的第一使用场景本身就是低频的，如空气检测仪；而有些产品，用户使用量巨大，有开机数，但在线时间却比较短，如某词典及公交 App。也就是说第一场景虽然高频，但是工具属性太强，仍然无法保持有效的用户黏性，无法找到更多的变现方式，此时将用户引导向第二场景就是必然选择了。

将用户从第一场景引导至第二场景，必须符合两个原则：便捷和自然延伸（情境相依）。如体重秤可以让用户到朋友圈分享减肥战果，但一款空气监测设备则很难让用户每天将室内的空气质量分享至朋友圈。

另外还需要考虑第二场景是否能实现高频。就第二场景来说，无非是阅读、UGC、社区社交等形态。例如一个空气监测类的智能硬件，其研发设计人员理所当然能够想到的是，定期向用户推送一些季节性的养生保健知识。但是，单纯的这种 PGC 方式，由于缺少互动有可能导致用户活性和黏性都不高。或者，诱使用户加入社区社交，但这种社区和社交如果不和第一场景具有很强的情境相依和场景驱动，那么可能会比有些垂直社区类 App 的弱社交还弱，最终还是无法高频。

有时，用户场景是可以引导和再造的。举个例子，传统的中餐馆设定的场景就是你坐到桌边，然后吆喝服务员过来点菜，中间还有若干服务请求，最后是让服务人员到你的桌子边上来买单。而肯德基给你设定的场景就是你需要排队点餐和付费，然后自助式取餐、自助式送盘子，同时你还不介意和别人共用一张桌子。这两种场景显然决定了不同的运营复杂度和成本效率。

互联网产品可以通过不同的玩法给用户设定不同的场景，从而造就不同的用户黏性。

场景营销

受限于技术实现的难度，传统营销场景是把消费者的体验旅程分解为“需求—获得—使用”三个步骤，所有的营销方向基本都集中于“让消费者意识到自己有这个需求”，以及“当他们下次在渠道进行购买时能回忆起我的产品及品牌”，营销实现与效果面临分离的尴尬。

不管是需求、购买，还是使用，消费者在这个过程中都经历了太长时间、太多媒介、太多地点环境的转换。这让每一次营销传播的努力都充满了随机性和不确定性，难以累积，自然也就大大增加了企业的营销成本。

移动互联网时代营销领域最核心的思路变化，就是从以产品为中心转向以消费者需求为中心。为一个已成定局的产品在茫茫人海中寻找适合它的消费者的时代早已过去。现在需要做的是先发现消费者的特定需求，然后根据需求去研发、生产产品。

为了实现场景营销，还需要再往前走一步。在发现需求的同时，更深入地获取相关信息，准确理解为什么消费者在这个时间、这个地点、这种场合会有这样的需求。只有将需求还原到场景中，企业才能真正理解消费者的某种需求。

移动互联网时代 LBS、移动（mobile）、社交（social）、大数据、物联网五大元素构成的场景营销将重塑移动社交时代。

今后产品营销传播的思路应该是利用随时可能出现在消费者身边的媒体及其他服务，根据消费者所处的时间、地点、场景的不同，即时提供信息、产品或服务来满足处于不同场景之下的不同消费者的即时具体需求。

在移动互联网时代，定位系统可以导航到任何地方，移动设备随时随地保持连接。用户与朋友、商家甚至设备，通过网络连接所接收与产生的数据信息，都将成为企业提供更精准服务的基础。

美国道德心理学家乔纳森·海特在其研究中发现，人们总是直觉在先，策略性推理在后。因此，能够推动人们迅速做出所期待行为的，是情感。所以，我们认为，场景营销最重要的是植入情感而不是传递信息。

因为羡慕，所以想要；因为想要，所以下单。所有功能利益点的信息描述，都是在为下单这个立即就要做的动作提供更多佐证的依据而已。

只有理解了情感在消费者行为过程中有多重要，企业的困惑“品牌建设到底是在建设什么”才能解决。互联网时代品牌所建设的是那种在消费者心中能立即引发条件反射的专属情感。

以数据为驱动

以往企业获得的数据都是单次、局部、缺乏联系的。在分析之后常常带来两个尴尬：要么是“重复已知结论”，要么是“制造无用信息”。被津津乐道多年的沃尔玛啤酒纸尿布案例也只是个美好的传说。

由于数据不精准，对企业而言消费者只能是一个面目模糊的整体名词。诚然，某一品牌吸引到的消费者肯定有相当多的共性，然而具体到他们各自不同的需求、购买和使用场景，这些人唯一的共性可能只是买了你的产品。这种循环论证并不能帮助企业为消费者提供更好的产品与服务。

只有将消费者定义为单个的个体，才有可能提供精准的场景营销。一对一沟通，高度定制化的产品与服务，最大限度简化消费者获取需求的渠道，都需要数据驱动。消费者数据的重复更新让整个营销过程的优化有了更进一步的可能。

从传统 PC 时代到现在的移动互联网时代，交友、阅读、购物、出行、游戏、视频……智能移动端的出现完全颠覆了人们以往的生活方式，社会信息空前爆炸，媒介资源铺天盖地，时间呈碎片化发展。由此，企业在品牌树立和营销推广方面的策略也发生了巨大变化：强调即时互动，基于PC端和移动端的多平台全覆盖，从争夺流量和入口转为多场景布局。人们聊天时会想到微信，购物时会想到支付宝，这背后其实是基于社交或支付场景的应用设计。

推崇页面浏览量（PV）的流量时代已经过去，围绕人们日常生活中随时随地的衣食住行所产生的场景触发（Scene Touch），即场景化营销时代正在来临。

这一趋势主要围绕用户，把看似无关的应用与消费者所处的实际情境相连接，在移动互联网条件下，基于大数据、云计算、物联网和人工智能，提供贴合用户体验的场景应用。行业融合，依据用户的碎片时间整合各类产品、服务。根据不同目标群体的特性分类管理，对市场进行有针对的场景设定，由此获得广泛推广和精准传播，让消费者在潜移默化中不由分说地自然完成其购物行为。从某种意义上说，借助符合用户生活形态的场景化设计，重塑产品的渠道和链接方式，是今天移动互联网条件下决定营销成败的关键。

如何构建生态链

构建产品生态链

产品的本质是连接的中介，以往其所承载的大多是产品客观存在的具体功能，而现在其承载的却主要是产品所带给用户的主观上的趣味与情感。优秀的产品能直接带来可观的用户，将粉丝群体聚集成社群，基于这样的社群往往还可以实现价值变现，实现利润递延。

通过社群互动生产出数据和内容，将带来新的商业价值。数据包括用户生活形态的数据和用户使用习惯的数据，数据本身也会产生商业价值。通过数据分析可以获得新的产品需求。

新产品来自社群本身的需求，销售就不是问题了，通过多产品销售，不但能带来利润，而且能带来新的用户连接。

所以，产品生态链构建的最后一步就是要延伸企业的产品群，针对一群相同的用户，这些用户可以有亚文化标签的差别。通过新产品和用户有更深度的连接，或者是同一群用户有更深度的连接，或者是不同的用户产生了新的连接。新连接的用户产生新的内容和新的数据，不断地一个圈一个圈套下去，实现价值变现，实现利润递延。

借助资本的力量

企业要一方面做产品、做服务，另一方面积累用户、做强社群。当用户和粉丝形成一定的规模时，必然会获得资本的注目。

但是这个阶段的企业需要思考，是否真的需要更多的资本去发展？新的资本究竟会带来什么价值与作用？资本如何退出？如何回馈投资者？怎样才能确保资本的介入会带来现有商业模式的升级和口碑的提升，而不是导致盲目的扩张和潜在的危机？

资本杠杆思维

无论从哪个角度看，中国经济从未有过如此激荡的变化，市场经济竞争加剧，资本经济时代已经到来。而资本经济与市场经济相比，最大的区别在于资本经济多了一根杠杆。

小米其实就是典型的资本思维下成长起来的互联网企业。首先小米会找到合作方、投资方，在还没有产品之前就拿到了投资，并且组建了一个分工型、协作化的团队。然后告诉消费者要做一个什么样的手机，配置是多少，价格是多少。找到了自己的消费者，拿到了订单，这时再去找工厂做代加工，然后以手机为渠道，不断做深、往外延展。

小米用的就是轻资产、精定位、做纵深、高增长的资本思维方式。小米背后形成了一条价值巨大的生态链，却又不需要工厂和生产设备，仅用 5 年时间就成为中国第四大互联网公司，估值 450 亿美元！由此可见资本思维背后杠杆作用的力量是巨大的！

但是如果小米手机按照传统的市场思维去运作，那么过程是这样的，首先需要一笔启动资金，先用于手机市场的调研和产品研发，这个过程至少需要半年。然后得准备一大笔资金去购买设备、建设厂房。接下来开工生产。当产品生产出来之后再去找渠道商，还得去砸钱做广告，努力卖给消费者。这时如果资金不够了就去银行贷款，进行扩大生产。而传统企业之所以难以为继，症结就在这种经营思路上，最后导致资不抵债或者利润率赶不上银行的贷款利率！

在以往的市场经济时代，企业跟金融机构是债权型关系，而在资本经济时代，企业跟金融机构是股权型关系。债权型关系的弊端日益暴露：金融机构把钱借给企业谋发展，但传统银行风险控制与追逐利润的行业属性，决定了银行只愿跟企业同富贵，不愿跟企业共患难！

当经济处于上行期，银行会锦上添花，积极主动甚至过度地将资金放贷给企业。而一旦经济进入下行期，银行就立刻落井下石，绝不会雪中送炭，这就必然迫使下行的经济火上浇油、雪上加霜，这也是传统银行的盈利模式和监管模式决定的。

而资本经济时代的股权型关系下，金融机构将钱投给企业，占有企业的股份。当企业经营困难的时候，股权资本能够风雨同舟；企业高速成长的时候它会获利退出，能起到调节经济增速、使经济可持续发展的润滑剂的作用。

移动互联网时代，企业面临的核心问题不再是如何优化产品、如何做营销，而是如何从头开始彻底改变企业的运营思路！

股权众筹与股权投资

众筹来源于众包，指的是聚合或整合集体的智慧一起去做一件事情，包括商品众筹、奖励众筹、捐赠众筹、股权众筹四类。前两种，用户出钱，获得的反馈是实物、奖券、精神激励等；而捐赠众筹则更多地将运用于公益领域，将会推动希望工程、红十字会等捐款领域的发展；股权众筹则属于众筹的高级阶段。

在股权众筹的监管上，国家将会逐步放开。2014 年底，有关监管部门出台了《私募股权众筹融资管理办法（试行）》（征求意见稿），对平台、投资项目和投资者做了明确规范和限制，将股权众筹定性为私募。但对合格投资人做了非常严格的规定。投资者为净资产不低于 1 000 万元的机构，或金融资产不低于 300 万元或最近 3 年年均收入不低于 50 万元的个人，以及投资单个融资项目的最低金额不低于 100 万元的机构或个人。这种较为严苛的要求，将把很多人挡在门外。随后，监管部门又对合格投资人做出调整，将准入门槛降低到 3 年收入 30 万～50 万元，金融资产规模是 100 万～500 万元。

从项目来分，股权众筹有多种：早期投资、影视文化项目众筹、智能硬件、实体连锁店直营与加盟众筹、新三板众筹等，不同的品类有不同的运营手法。

未来我国将大力推行首次公开募股注册制，支持创新型企业以上市公司的标准去发展，同时改变目前资本市场股票发行、大众融资的游戏规则，降低企业上市门槛，帮助企业以更低的成本和更好的渠道对接投资方、投行等金融机构，引导社会资金流向初创型企业，利用资本增长方式去发展，这就是资本思维。而参与这种创业型项目的机构或者个人都可以拿到原始股权，这就是股权投资。

股权众筹的意义不仅是筹集资金，更是筹集社会资源与智慧。创业项目成活率低，缺人、缺资源，股权众筹带给创业项目方更多的成功机会。

对于互联网企业来说，股权众筹不失为一种营销手段，用股权的方式，吸引最核心的用户，加强用户的黏性。比如，影视文化、智能硬件、互联网理财等。股东即粉丝，尤其新兴人群更喜欢这样的新玩法。

高科技企业云集的新三板 2015 年异常火爆，在未来的 5～7 年，以注册制、做市商制度来运营的新三板将有机会成长为全国最大的股权交易中心。新三板火爆的背后，更深层的意义在于宏观经济结构的变化。大众创业潮的兴起，使得新三板站到了风口上。如果说过去 10 年是房地产投资时代，那么未来 10 年可能将是股权投资时代，股权投资（包括公司不同阶段）将成为下一个投资热潮，其带来巨额回报的可能性将大大高于房地产。

无论从哪个角度看，中国经济从未有过如此激荡的变化：传统企业在衰变，大企业在裂变，小企业在聚变，大众创业、人人创客时代来临。有史以来人类所有的进步都来自创新。创新促进生产力进步，从而优化生产关系，最终使每个人都能找到更加适合的位置、发挥更大的作用。

这是一个最坏的时代，也是一个最好的时代。上一轮改革开放的红利释放殆尽，一个崭新的时代即将到来！以互联网生态为模式，以大众创业为风口，我国正在塑造全新的产业格局！只有具备新知识、新理念、新思维的企业和个人，才有机会把握时代的机遇！

后 记

今天企业之间的竞争，关键在于建立跨界商业生态竞合关系带来的低成本、快速度、高品质。互联网时代的典型代表是微软、IBM、英特尔等；移动互联网时代的新锐代表是谷歌、苹果、腾讯等。

今天企业的成败，取决于是否能建立跨界平台，整合他人，建立开放的商业生态；是否能成为顶尖专业化的小而美，被他人整合，加入新商业生态。

未来传统企业、初创公司等没有融入到生态或者没有构建生态体系的大多数中小公司，将会受到互联网公司巨无霸生态体系，以及快速增长的移动互联网公司生态的夹击，是观望、融入还是对抗，对处于产业链上的每一家传统企业而言，都到了决断的时候，或许会涉及生死存亡。

降维攻击，这是著名科幻小说《三体》中一个非常有名的概念。三体人的攻击武器叫二向箔，可以把立体的三维空间压缩成平面的二维空间，所有三维的物体都要被压缩成无限面积的二维平面。那么商业生态里面的降维攻击又是怎样的？

从商品的本质上说，在传统商业中每一个商品都是由品质、服务和价格三个维度组成的，正是在这三个维度的千变万化中孕育出了不同的商业模式。

而互联网，尤其是移动互联网的出现，改变了传统商业模式，以信息为支撑的第四个维度产生。掌握了第四个维度的互联网公司就成了传统商业模式中的高级文明，可以在高维世界中向低级商业文明发起降维攻击。

滴滴快车的案例中，其商业模式就是对传统出租车行业的降维攻击。出租车行业围绕帮助用户方便快捷出行的这一需求，经过几十年发展，已经形成稳定的商业形态。可以说，现在谁还想依靠传统模式撬动这个市场几乎是不可能的。而滴滴快车通过移动互联网平台，采取 App 推广、打车补贴、活动参与、地面推广等形式，依靠信息流的快捷方便，完成前期用户习惯培养和过亿用户信息积累，打通用户和出租车之间的信息壁垒，完成降维攻击之前的维度跃升，成为具备了第四维度的高级文明。这次降维攻击创造了一种传统出租车行业完全无法提供的服务，将传统出租车行业降低到只有价格和品质的二维世界。可以说如果国家政策不干预，出租车这个行业就要被彻底颠覆了。

苹果跨界进入智能手机行业，取代传统手机诺基亚的老大地位；微信跨界进入移动通信领域，抢了三大移动运营商的饭碗；互联网金融的出现让传统银行战战兢兢……移动互联网商业生态中的跨界与颠覆无处不在，而且正以前所未有之势改变着传统行业。

婚恋网站行业中曾经的翘楚百合网、世纪佳缘、珍爱网风光已然不再，微信、陌陌、微博、米聊甚至优步等各种社交应用蜂拥而至，大有取代婚恋网站的趋势。移动互联网社交生态的跨界颠覆使得网络交友婚恋的边界也越来越模糊，竞争态势变得复杂而激烈。

在巨无霸互联网公司和快速增长的移动互联网公司夹击下，大多数传统产品制造型公司近年来市场地位颇为尴尬，比较有代表性的有联想、格力等。

联想拥有较为完整的硬件设计与制造能力，也拥有智能手机、PC、平板、智能手环等智能硬件产品线。但没有形成一个完整的生态系统整合能力，始终无法实现从产品型公司至生态型公司的转型升级。未来的命运或许就是被 BAT、小米等生态系统整合，沦为生态进化的融合产物。

对于传统企业来说，或者选择依附在 BAT 巨无霸生态体系中获得系统性成长，如腾讯入股滴滴打车、阿里巴巴投资快的打车等；或者选择一个 BAT 没有布局好的领域迅速做大，并保证短期内难以被复制，如奇虎 360；或者尝试自己建立一个不同于 BAT 和小米的生态系统，如乐视。这也是 2015 年互联网企业、家电企业、移动应用企业频频发起合纵连横大战的原因。

做生态的构建者还是参与者

对于企业来说，构建一个生态系统的终极目标是希望能够在竞争中获取更具优势的地位，从而得到更大的商业利益。

未来企业唯有构建成为一个商业生态系统，才能保持生存发展。企业要掌控某一核心能力，在利益共同体里面吸引并组织大家在一个价值链上共同创造价值。不仅需要与行业内上下游企业合作，还要通过与系统内外和产业链上下游企业进行跨界合作，共同打造一个围绕用户生活的生态圈。

苹果在围绕 iPhone 构建生态系统时，看到了基于终端的内容服务市场的巨大潜力，从而建立了“将硬件、软件和服务融为一体”的商业模式。依靠“iPhone＋App Store”的模式，靠卖硬件产品来获得一次性的高额利润以及售卖内容和应用程序来获得重复性购买的持续利润。同时苹果的 App Store 对全球所有开发者开放，开发者在 App Store 上销售的内容与应用，销售收入与苹果七三分成。

同时苹果不断升级开发 iPhone、iPad、Apple Watch、Apple TV 等苹果系硬件，OS、iOS、watchOS 操作系统以及 Swift 开源系统等。硬件和系统只是支撑苹果生态的入口，而其底层的开发系统才真正地在为苹果提供源源不断的动力。在全新的、开源性的开发生态体系下，苹果不断拓展经营领域和整个价值链范围，为生态系统带来更多收入。

因此，一个要打造生态的企业，设计支撑生态系的价值链的关键，不仅仅是要找到适合这一生态系的合理的组织结构，更重要的是要判断在这一价值链上，哪些环节适合由构建者来掌控，并依此设计合理的商业模式。

移动互联网时代商业生态的竞争，迫使今天的传统企业必须转型。大公司的命运通常是向生态系统化建设转型，以成就那些小而美、专而特的个性化企业或个人来发展自己。

谷歌将全世界的天才和卓越企业汇集在一个开放的大开发平台上，共同发展高智能的未来产品；SAP 自有员工 5 万人左右，但是在它的开放社区平台上，拥有超过 150 万工程师和近 50 万专家，在他们展现自己才华的同时，为 SAP 的产品和服务增添价值；苹果、亚马逊等都是以建立平台获得高阶竞争优势的典范。

在中国，腾讯通过微信平台，成就了一大批新型的自媒体，也使自己用了不到 3 年，就拥有 6 亿以上的用户。而阿里巴巴可能是中国最早建立商业生态圈的领军企业，率先将中小企业、金融服务、物流等汇集在阿里巴巴电商平台上，成就了千千万万个网商。

传统经济时代一个创业企业要发展成为一个行业领袖级的企业，需要几十年甚至上百年的积累。在电子制造业，联想、华为用了 20 多年才获得超过 100 亿美元的业绩，因为它们都采用笨重的个体企业发展模式，顶多做了垂直价值链模式。

而在互联网、移动互联网时代，很多知名互联网企业，如谷歌、苹果、阿里巴巴、腾讯等，在十多年甚至几年内，就能创造企业人数不多但价值惊人的 100 亿美元量级公司。小米科技，一家成立不到 6 年的企业，以商业生态平台模式和协同生态链管理方式，在短短几年内就实现超过 450 亿美元的估值，晋升为行业领袖级企业。

毫无疑问，很多传统企业将由于缺乏品牌影响力以及产品销售的渠道、市场主导权丧失而沦落为移动互联网商业生态中的代工企业。在这个快速迭代、虚实交错的商业世界，移动互联网生态模式虽还在雏形期，但可以肯定的是，它注定会成为那些无视时代潮流、固步自封的企业的终结者。

未来已来：共生共赢共享

2015 年 7 月首届乐视生态开发者大会提出，“和超级生态一起，打破边界，不孤立”。乐视董事长贾跃亭表示：“我们是互联网时代的颠覆者，我们是与开发者共建生态的合伙人！开放的乐视生态希望和合作伙伴们共生共赢共享。”乐视能够吸引如此多的开发者，原因就是乐视独创的生态模式——“平台＋内容＋应用＋终端”的完整生态以及乐视开放闭环的理念。此外，乐视推出“超级合伙人”计划，开放闭环引领开发者参与融入乐视生态，开发者成为乐视生态超级合伙人，共同创造价值，共同分享收益。乐视不仅能够为开发者提供最优质的平台和服务，还会将收益 100％返还给开发者。

2015 年 10 月，临近 2015 腾讯全球合作伙伴大会开幕，腾讯董事局主席兼首席执行官马化腾发表《给合作伙伴的一封信》，强调了这样几个观点：合作伙伴是生态型组织里的第三条生命线，腾讯渴望生长进化成一个共享共赢、没有边界的生态型组织；连接力是一种具有普惠价值的商业服务能力；“互联网＋”可以赋能于最微小的个体，以新型生产力激发社会创新力。展望未来的五年，用户、员工、合作伙伴三者的边界将可能逐步打破，形成一种“你中有我，我中有你”的共生长状态。

合作伙伴是一个生态型组织里与用户、员工同样重要的第三条生命线。大家命运与共，将会形成一个真正的新生态。

我们所要努力的方向，是一方面以连接力服务合作伙伴，努力塑造更具多样性、更活跃紧密的合作伙伴关系，提升整个生态的竞争力；另一方面，通过连接力加速行业间的跨界融合，推动形成产业无界的新业态和新格局，让生态中的每一位合作伙伴都能因此受益。

中国策划协会移动互联网专业委员会联合广州尔码文化传播有限公司，以及多家国内知名院校，致力于打造国内首家集移动互联网生态企业咨询、策划、培训服务为一体的企业在线教育平台，为创业者及传统企业搭建培训、项目、资金、人才服务平台，帮助传统企业系统地解决在企业转型过程中遇到的普遍问题，同时帮助有志在移动互联网时代寻求个人价值提升的在校大学生、行业精英提供培训平台，帮助企业找到具有移动互联网生态战略思维及企业生态体系实操技能的优秀人才。

寻找移动互联网新生态“合伙人”！

共同打造移动互联网行业生态链，

重塑移动互联网行业生态圈，

把握移动互联网生态重构的机遇！

图书在版编目（CIP）数据

互联网生态：重构商业规则/喻晓马，程宇宁，喻卫东著．—北京：中国人民大学出版社，2016.3
ISBN 978-7-300-22376-6

Ⅰ.①互…　Ⅱ.①喻…　②程…　③喻…　Ⅲ.①互联网络—应用—商业交易—研究　Ⅳ.①F716

中国版本图书馆 CIP 数据核字（2016）第 003646 号

互联网生态：重构商业规则
喻晓马　程宇宁　喻卫东　著
Hulianwang Shengtai：Chonggou Shangye Guize

出版发行	中国人民大学出版社		
社　　址	北京中关村大街 31 号	**邮政编码**	100080
电　　话	010－62511242（总编室）		010－62511770（质管部）
	010－82501766（邮购部）		010－62514148（门市部）
	010－62515195（发行公司）		010－62515275（盗版举报）
网　　址	http://www.crup.com.cn		
	http://www.ttrnet.com（人大教研网）		
经　　销	新华书店		
印　　刷	北京联兴盛业印刷股份有限公司		
规　　格	148mm×210mm　32 开本	**版　　次**	2016 年 3 月第 1 版
印　　张	10 插页 2	**印　　次**	2016 年 4 月第 2 次印刷
字　　数	200 000	**定　　价**	48.00 元